高等院校体育学类新形态一体化教材

College Student Physical Fitness Test
大学生体质健康测试项目
运动指南

王新东　尹智猛　◎　主　编
龙跃玉　吕季东　◎　副主编

上海财经大学出版社

图书在版编目(CIP)数据

大学生体质健康测试项目运动指南 / 王新东, 尹智猛主编. -- 上海：上海财经大学出版社, 2025.3. (高等院校体育学类新形态一体化教材). -- ISBN 978-7-5642-4607-5

Ⅰ. G807.4

中国国家版本馆CIP数据核字第2025LJ3390号

本书得到上海财经大学2024年度本科课程与教材建设项目（项目号：2024120219）的资助

□责任编辑　李嘉毅
□封面设计　贺加贝

大学生体质健康测试项目运动指南

王新东　尹智猛　主　编
龙跃玉　吕季东　副主编

上海财经大学出版社出版发行
（上海市中山北一路369号　邮编200083）
网　　址：http://www.sufep.com
电子邮箱：webmsater@sufep.com
全国新华书店经销
上海颛辉印刷厂有限公司印刷装订
2025年3月第1版　2025年3月第1次印刷

787 mm × 1092 mm　1/16　10.5印张　223千字
定价：48.00元

编委会

主　编

王新东（上海财经大学）

尹智猛（上海财经大学）

副主编

龙跃玉（上海体育大学）

吕季东（上海财经大学）

编　委

谢雅靖（上海财经大学）

卢星雨（上海财经大学）

廖是深（上海财经大学）

前 言

2014年4月,教育部印发了《学生体质健康监测评价办法》(教体艺〔2014〕3号)等三个文件,着重强调各地以《国家学生体质健康标准》为依据,实行全体学生测试制度。2016年4月,国务院办公厅印发的《关于强化学校体育促进学生身心健康全面发展的意见》(国办发〔2016〕27号)开诚布公地指出学生体质健康水平仍是学生素质的明显短板的基本事实。2018年9月,党中央召开全国教育大会,习近平总书记发表重要讲话并指出,要努力构建德智体美劳全面培养的教育体系,形成更高水平的人才培养体系,要树立"健康第一"的教育理念,帮助学生在体育锻炼中享受乐趣、增强体质、健全人格、锤炼意志。2020年10月,中共中央、国务院印发的《深化新时代教育评价改革总体方案》指出,建立日常参与、体质监测、专项运动技能测试相结合的考查机制,将达到国家学生体质健康标准要求作为教育教学考核的重要内容,引导学生养成良好锻炼习惯和健康生活方式,锤炼坚强意志,培养合作精神。根据一系列文件指示可知学生体质健康的重要性。

为全面提高大学生身体素质,促进大学生健康发展,我们在总结了多年教学经验的基础上,征求了多方意见,从学生体质健康需求出发,组织编写了本教材。本教材首先对《国家学生体质健康标准》进行解读;接着对大学生日常科学准备活动和放松恢复进行详细介绍;然后对大学生体质健康测试项目如何"学""练""测"进行系统讲解,为大学生体质健康测试项目练习、成绩提升提供科学、有效的"处方";而后对大学生日常锻炼常遇到的问题进行详细分析和解答,并加入相关运动生理学知识,为学生科学锻炼提供理论基础;最后为大学生日常锻炼及测试时如何减免受伤、受伤后的处理及康复提供切实有效的指导。

本教材有以下特色:

第一,本教材本着"健康第一"的思想,紧密围绕大学生体质健康测试项目问题进行分析,理论结合实践,提供切实有效的运动"处方"。

第二,本教材以科学为依据,做到言之有理、论之有据,编写时力求通俗易懂。

第三，本教材对体质健康测试项目"学""练""测"进行了科学系统的介绍，并配有动作图片、视频，以切实满足大学生的实际需求。

第四，本教材除了体质健康测试项目"学""练""测"内容外，还包含了运动生理学、运动损伤预防和康复等内容，以帮助大学生解决运动中遇到的多种问题。

第五，本教材不仅关注体质健康测试项目技术动作的训练，而且蕴含了丰富的育人元素，通过对这些元素的培养，学生能够在掌握运动技能的同时，全面发展自己的身心素质和社会适应能力。一是身体健康与锻炼：身体素质类体质健康测试项目一方面能有效锻炼肌肉、关节、心肺等能力，另一方面能增强力量、耐力、柔韧、灵敏、协调和速度等身体素质，通过全面锻炼，学生能够体会到运动带来的健康和快乐，培养终身运动的习惯。二是挑战自我与突破。例如立定跳远，要求学生不断挑战自己的极限，尝试跳过更远的距离，这种挑战能够激发学生的竞争意识和超越自我的勇气，让学生学会面对困难时保持积极的心态。三是培养意志品质。例如耐力跑，需要学生具备坚定的意志品质和毅力，在练习过程中，学生只有坚持不懈地努力，才能取得更好的成绩。这种经历能够培养学生坚强的意志品质，让学生在未来的学习和生活中更加坚韧不拔。四是遵守规则与公平测试。每个项目的测试都需要遵守严格的规则要求，确保测试的公平性和公正性。通过参与测试，学生能够学会遵守规则，培养公平测试的意识。

本教材由王新东、尹智猛任主编，由龙跃玉、吕季东任副主编，参与编写及拍摄的人员有谢雅靖、卢星雨、廖是深。

在编写本教材的过程中，我们参阅了国内外相关教材和文献资料，并引用了其中部分内容，在此向相关学者表示衷心的感谢。另外，由于编写的时间仓促，编者水平有限，不足之处，望斧正。

编　者

2025 年 1 月

目 录

第一章 《国家学生体质健康标准》解读 ······ 001
 第一节 《国家学生体质健康标准》实施办法 ······ 002
 第二节 《国家学生体质健康标准》评价指标与权重 ······ 003

第二章 科学准备活动与放松恢复 ······ 013
 第一节 准备活动 ······ 014
 第二节 放松活动 ······ 030

第三章 体质健康测试项目 ······ 037
 第一节 立定跳远测试 ······ 038
 第二节 50 米跑测试 ······ 054
 第三节 耐力跑测试 ······ 065
 第四节 1 分钟仰卧起坐测试 ······ 072
 第五节 引体向上测试 ······ 083

第四章 锻炼常见问题与答疑 ······ 095
 第一节 运动锻炼注意事项 ······ 096
 第二节 运动生理学知识 ······ 105

第五章 常见运动伤害、疾病与康复 ······ 117
 第一节 运动伤害与疾病基础知识 ······ 118

第二节　外科运动损伤预防的基本措施 ·················· 121
第三节　常见外科运动损伤现场急救与处理 ·············· 122
第四节　功能性动作筛查 ································ 131

参考文献 ·· 141
附录一　学生体质健康监测评价办法 ······················ 143
附录二　关于强化学校体育促进学生身心健康全面发展的意见 ·············· 147
附录三　中共中央 国务院印发《深化新时代教育评价改革总体方案》 ············ 152

第一章

《国家学生体质健康标准》解读

第一节 《国家学生体质健康标准》实施办法

为建立健全国家学生体质健康监测评价机制，激励学生积极参加身体锻炼，教育部印发《国家学生体质健康标准（2014年修订）》（以下简称《标准》）。《标准》深入贯彻"健康第一"的指导思想，切实加强学校体育工作，促进学生积极参加体育锻炼，养成良好的锻炼习惯，提高体质健康水平。《标准》要求各学校每学年开展覆盖本校各年级学生的《标准》测试工作。

《标准》是《国家体育锻炼标准》的有机组成部分，是《国家体育锻炼标准》在学校的具体实施，是国家对学生体质健康方面的基本要求，适用于全日制小学、初中、普通高中、中等职业学校和普通高等学校的在校学生。

《标准》从身体形态、身体机能和身体素质等方面综合评定学生的体质健康水平，是促进学生体质健康发展、激励学生积极进行身体锻炼的教育手段，是国家学生发展核心素养体系和学业质量标准的重要组成部分，是学生体质健康的个体评价标准。

《标准》将适用对象划分为以下组别：小学、初中、高中每个年级为1组，其中小学共6组、初中共3组、高中共3组；大学一、二年级为1组，大学三、四年级为1组。

小学、初中、高中、大学各组别的测试指标均为必测指标。其中，身体形态类中的身高、体重，身体机能类中的肺活量，以及身体素质类中的50米跑、坐位体前屈为各年级学生的共性指标。

《标准》的学年总分由标准分与附加分之和构成，满分为120分。标准分由各单项指标得分与权重乘积之和组成，满分为100分。附加分根据实测成绩确定，即对成绩超过100分的加分指标进行加分，满分为20分。大学的加分指标为男生引体向上和1 000米跑、女生1分钟仰卧起坐和800米跑，各指标加分幅度均为10分。

根据学生学年总分评定等级：90.0分及以上为优秀，80.0～89.9分为良好，60.0～79.9分为及格，60.0分以下为不及格。

每个学生每学年评定一次，记入"《国家学生体质健康标准》登记卡"。特殊学制的学校，在填写登记卡时可以按规定和需求相应地增减栏目。学生毕业时的成绩和等级，按毕业当年学年总分的50%与其他学年总分平均得分的50%之和进行评定。

学生测试成绩评定达到良好及以上者，方可参加评优与评奖；成绩达到优秀者，方可获体育奖学分。学生测试成绩评定为不及格者，在本学年度准予补测一次，补测仍不及格，则学年成绩评定为不及格。

学生因病或残疾可向学校提交暂缓或免予执行《标准》的申请，经医疗单位证明，体育教学部门核准，可暂缓或免予执行《标准》，并填写"免予执行《国家学生体质健康标准》申请表"，存入学生档案。确实丧失运动能力、被免予执行《标准》的因病或残疾学生，仍可参加评优与评奖，毕业时《标准》成绩需注明免测。

各学校每学年开展覆盖本校各年级学生的《标准》测试工作，《标准》测试数据经当地教育行政部门按要求审核后，通过"中国学生体质健康网"上传至"国家学生体质健康标准数据管理系统"。

第二节 《国家学生体质健康标准》评价指标与权重

大学生的体质健康测试指标及权重如表1-1所示。

表1-1 大学生的体质健康测试指标及权重

分　类	单　项　指　标	权重（%）
身体形态	身体质量指数（BMI）	15
身体机能	肺活量	15
身体素质	坐位体前屈	10
	50米跑	20
	立定跳远	10
	引体向上（男）/1分钟仰卧起坐（女）	10
	1 000米跑（男）/800米跑（女）	20

一、大学生体质健康测试指标评分标准

（一）大学生身体质量指数（BMI）测试评分表

表1-2 身体质量指数（BMI）评分表

单位：千克/米^2

等　级	单项得分	男　生	女　生
正　常	100	17.9～23.9	17.2～23.9
低体重	80	≤17.8	≤17.1

续 表

等　级	单项得分	男　生	女　生
超　重	80	24.0～27.9	24.0～27.9
肥　胖	60	≥28.0	≥28.0

注：身体质量指数（BMI）= 身体质量（千克）/ 身高^2（米^2）

（二）大学生肺活量测试评分表

表1-3　肺活量评分表

单位：毫升

等　级	单项得分	男　生		女　生	
		大一/大二	大三/大四	大一/大二	大三/大四
优秀	100	5 040	5 140	3 400	3 450
	95	4 920	5 020	3 350	3 400
	90	4 800	4 900	3 300	3 350
良好	85	4 550	4 650	3 150	3 200
	80	4 300	4 400	3 000	3 050
及格	78	4 180	4 280	2 900	2 950
	76	4 060	4 160	2 800	2 850
	74	3 940	4 040	2 700	2 750
	72	3 820	3 920	2 600	2 650
	70	3 700	3 800	2 500	2 550
	68	3 580	3 680	2 400	2 450
	66	3 460	3 560	2 300	2 350
	64	3 340	3 440	2 200	2 250
	62	3 220	3 320	2 100	2 150
	60	3 100	3 200	2 000	2 050
不及格	50	2 940	3 030	1 960	2 010
	40	2 780	2 860	1 920	1 970
	30	2 620	2 690	1 880	1 930
	20	2 460	2 520	1 840	1 890
	10	2 300	2 350	1 800	1 850

(三)大学生坐位体前屈测试评分表

表1-4 坐位体前屈评分表

单位:厘米

等级	单项得分	男生 大一/大二	男生 大三/大四	女生 大一/大二	女生 大三/大四
优秀	100	24.9	25.1	25.8	26.3
	95	23.1	23.3	24.0	24.4
	90	21.3	21.5	22.2	22.4
良好	85	19.5	19.9	20.6	21.0
	80	17.7	18.2	19.0	19.5
及格	78	16.3	16.8	17.7	18.2
	76	14.9	15.4	16.4	16.9
	74	13.5	14.0	15.1	15.6
	72	12.1	12.6	13.8	14.3
	70	10.7	11.2	12.5	13.0
	68	9.3	9.8	11.2	11.7
	66	7.9	8.4	9.9	10.4
	64	6.5	7.0	8.6	9.1
	62	5.1	5.6	7.3	7.8
	60	3.7	4.2	6.0	6.5
不及格	50	2.7	3.2	5.2	5.7
	40	1.7	2.2	4.4	4.9
	30	0.7	1.2	3.6	4.1
	20	−0.3	0.2	2.8	3.3
	10	−1.3	−0.8	2.0	2.5

（四）大学生 50 米跑测试评分表

表 1-5　50 米跑评分表

单位：秒

等　级	单项得分	男　生		女　生	
		大一／大二	大三／大四	大一／大二	大三／大四
优秀	100	6.7	6.6	7.5	7.4
	95	6.8	6.7	7.6	7.5
	90	6.9	6.8	7.7	7.6
良好	85	7.0	6.9	8.0	7.9
	80	7.1	7.0	8.3	8.2
及格	78	7.3	7.2	8.5	8.4
	76	7.5	7.4	8.7	8.6
	74	7.7	7.6	8.9	8.8
	72	7.9	7.8	9.1	9.0
	70	8.1	8.0	9.3	9.2
	68	8.3	8.2	9.5	9.4
	66	8.5	8.4	9.7	9.6
	64	8.7	8.6	9.9	9.8
	62	8.9	8.8	10.1	10.0
	60	9.1	9.0	10.3	10.2
不及格	50	9.3	9.2	10.5	10.4
	40	9.5	9.4	10.7	10.6
	30	9.7	9.6	10.9	10.8
	20	9.9	9.8	11.1	11.0
	10	10.1	10.0	11.3	11.2

（五）大学生立定跳远测试评分表

表 1-6　立定跳远评分表

单位：厘米

等　级	单项得分	男　生		女　生	
		大一／大二	大三／大四	大一／大二	大三／大四
优秀	100	273	275	207	208
	95	268	270	201	202
	90	263	265	195	196
良好	85	256	258	188	189
	80	248	250	181	182
及格	78	244	246	178	179
	76	240	242	175	176
	74	236	238	172	173
	72	232	234	169	170
	70	228	230	166	167
	68	224	226	163	164
	66	220	222	160	161
	64	216	218	157	158
	62	212	214	154	155
	60	208	210	151	152
不及格	50	203	205	146	147
	40	198	200	141	142
	30	193	195	136	137
	20	188	190	131	132
	10	183	185	126	127

（六）大学生引体向上（男）、1分钟仰卧起坐（女）测试评分表

表 1-7　引体向上（男）、1分钟仰卧起坐（女）评分表

单位：次

等　级	单项得分	男生（引体向上）		女生（仰卧起坐）	
		大一/大二	大三/大四	大一/大二	大三/大四
优秀	100	19	20	56	57
	95	18	19	54	55
	90	17	18	52	53
良好	85	16	17	49	50
	80	15	16	46	47
及格	78			44	45
	76	14	15	42	43
	74			40	41
	72	13	14	38	39
	70			36	37
	68	12	13	34	35
	66			32	33
	64	11	12	30	31
	62			28	29
	60	10	11	26	27
不及格	50	9	10	24	25
	40	8	9	22	23
	30	7	8	20	21
	20	6	7	18	19
	10	5	6	16	17

（七）大学生 1 000 米跑（男）、800 米跑（女）测试评分表

表 1-8 1 000 米跑（男）、800 米跑（女）评分表

等级	单项得分	男生（1 000 米）		女生（800 米）	
		大一/大二	大三/大四	大一/大二	大三/大四
优秀	100	3'17″	3'15″	3'18″	3'16″
	95	3'22″	3'20″	3'24″	3'22″
	90	3'27″	3'25″	3'30″	3'28″
良好	85	3'34″	3'32″	3'37″	3'35″
	80	3'42″	3'40″	3'44″	3'42″
及格	78	3'47″	3'45″	3'49″	3'47″
	76	3'52″	3'50″	3'54″	3'52″
	74	3'57″	3'55″	3'59″	3'57″
	72	4'02″	4'00″	4'04″	4'02″
	70	4'07″	4'05″	4'09″	4'07″
	68	4'12″	4'10″	4'14″	4'12″
	66	4'17″	4'15″	4'19″	4'17″
	64	4'22″	4'20″	4'24″	4'22″
	62	4'27″	4'25″	4'29″	4'27″
	60	4'32″	4'30″	4'34″	4'32″
不及格	50	4'52″	4'50″	4'44″	4'42″
	40	5'12″	5'10″	4'54″	4'52″
	30	5'32″	5'30″	5'04″	5'02″
	20	5'52″	5'50″	5'14″	5'12″
	10	6'12″	6'10″	5'24″	5'22″

二、大学生加分指标评分标准

《标准》的学年总分由标准分与附加分之和构成。附加分根据实测成绩确定，即对成绩超过100分的加分指标进行加分，满分为20分。大学的加分指标为男生引体向上和1 000米跑、女生1分钟仰卧起坐和800米跑，各指标加分幅度均为10分。具体加分指标项评分表如表1-9和表1-10所示。

表1-9 引体向上（男）、1分钟仰卧起坐（女）加分评分表

单位：次

加 分	男生（引体向上）	女生（1分钟仰卧起坐）
	大一／大二／大三／大四	大一／大二／大三／大四
10	10	13
9	9	12
8	8	11
7	7	10
6	6	9
5	5	8
4	4	7
3	3	6
2	2	4
1	1	2

注：引体向上、1分钟仰卧起坐均为高优指标，学生成绩超过单项评分100分后，以超过的次数所对应的分数进行加分。

表1-10 1 000米跑（男）、800米跑（女）加分评分表

加 分	男生（1 000米）	女生（800米）
	大一／大二／大三／大四	大一／大二／大三／大四
10	−35″	−50″
9	−32″	−45″
8	−29″	−40″
7	−26″	−35″
6	−23″	−30″
5	−20″	−25″
4	−16″	−20″
3	−12″	−15″

续　表

加　分	男生（1 000 米）	女生（800 米）
	大一/大二/大三/大四	大一/大二/大三/大四
2	−8″	−10″
1	−4″	−5″

注：1 000 米跑、800 米跑均为低优指标，学生成绩低于单项评分 100 分后，以减少的秒数所对应的分数进行加分。

三、大学生《国家学生体质健康标准》登记卡

表 1-11　《国家学生体质健康标准》登记卡（大学样表）

学　校_____

姓　名		性　别		学　号	
院（系）		民　族		出生日期	

单项指标	大一			大二			大三			大四			毕业成绩	
	成绩	得分	等级	成绩	得分	等级	成绩	得分	等级	成绩	得分	等级	得分	等级
身体质量指数（BMI）（千克/米^2）														
肺活量（毫升）														
50 米跑（秒）														
坐位体前屈（厘米）														
立定跳远（厘米）														
引体向上（男）/1 分钟仰卧起坐（女）（次）														
1 000 米跑（男）/800 米跑（女）（分·秒）														
标准分														
加分指标	成绩	附加分		成绩	附加分		成绩	附加分		成绩	附加分				
引体向上（男）/1 分钟仰卧起坐（女）（次）														
1 000 米跑（男）/800 米跑（女）（分·秒）														
学年总分														
等级评定														
体育教师签字														
辅导员签字														

学校签章：　　　　　　　　年　月　日

四、免予执行《国家学生体质健康标准》申请表

表 1-12　免予执行《国家学生体质健康标准》申请表（样表）

姓　名		性　别		学　号	
班级 / 院（系）		民　族		出生日期	
原因	申请人： 　　　年　　月　　日				
体育教 师签字			家长签字		
学校体 育部门 意见	学校签章： 　　　年　　月　　日				

注："家长签字"栏由学生本人签字。

第二章

科学准备活动与放松恢复

第一节 准备活动

准备活动也称热身活动、运动准备、动作准备等，是指在体育比赛、训练、锻炼和体育课的基本部分之前，以较轻的活动量先行活动肢体，为克服内脏器官生理惰性，缩短进入工作状态的时间和预防运动创伤而有目的地进行的身体练习，为即将来临的剧烈运动或比赛做好准备。

准备活动是任何运动锻炼的重要组成部分。人体机能的工作效率不可能在锻炼一开始就达到最高水平，因而需要通过热身来调整运动状态。

科学有效的准备活动可以避免运动损伤的发生，降低损伤的风险系数。一次有效的准备活动包含很多重要的元素，这些元素共同作用才使得运动的损伤风险降到最低。准备活动有很多益处，首先是让身心做好准备，以接受接下来的锻炼；其次是帮助身体提高肌肉温度，肌肉温度的提高可以使肌肉更松弛、更灵活；再次是增加心率和呼吸的深度、频率；最后是增加血流量、血氧量，从而帮助躯体的肌肉与关节达到更好的训练效果。

一、准备活动的分类与顺序

准备活动从简单和轻松动作开始，循序渐进地让身体接受更高强度的训练，促进身体和心理到达巅峰状态，尽可能使身体遭遇运动损伤的风险降到最低。因此，每个运动的人都应该把热身作为自己实现目标的一个重要部分。一次完整的准备活动应该包括一般热身、静态肌肉拉伸、动态肌肉拉伸和专项运动热身。一般热身和静态肌肉拉伸既是准备活动的基础，又是动态肌肉拉伸和专项运动热身的准备阶段。这四个部分紧密相连，缺一不可。四个部分联合作用给身体和心理带来积极影响，从而使锻炼者的身心进入良好运动状态。

（一）一般热身

一般热身是指一般轻松的身体活动（如慢跑），其目的是简单地促进心率的提高，刺激呼吸的频率，增加血流量，帮助运送氧气和营养物质给肌肉，同时帮助提高肌肉的温度。运动的强度与时间需要根据身体的健康水平和运动竞技状态来确定，一般人群应该是5～10分钟的时间，身体微微出汗即可。

（二）静态肌肉拉伸

静态肌肉拉伸是安全有效的肌肉基础拉伸活动，可以有效降低损伤风险，提高肌肉全面的灵活性。此环节主要是对运动时需要的大肌肉群进行拉伸,一般活动时长为5～10分钟。静态肌肉拉伸是将肌肉放置于伸张的状态,持续一段时间。主动与被动的肌肉群经过拉伸后获得放松,缓慢谨慎地调动身体肌肉群的紧张度,方法是让韧带、肌肉和肌腱被拉长。这个环节很重要,通过静态肌肉拉伸使得身体的关节活动范围增加,这样可以有效预防肌肉与肌腱损伤。

(三) 动态肌肉拉伸

动态肌肉拉伸是准备活动的第三个阶段,其可使运动者身心达到最佳状态,让身体做好准备,接受艰苦的运动训练,这对参与专项运动的学生十分重要。动态肌肉拉伸有灵活性和适宜专项的要求,包括神经肌肉控制、软组织平衡、扩大动作幅度以增加身体关节的活动范围等,活动的力度是循序渐进增加,而不是激进和无控制地一步到位。如果这个阶段采用的动态肌肉拉伸动作不妥当,就会导致肌肉损伤风险的增加。

(四) 专项运动热身

专项运动热身是准备活动的最后一个步骤,是经过前面三项热身活动后,为满足学生参与专项运动的需求而进行的热身活动,热身活动的动作特点应与专项运动相符合(如篮球运动中采用运球折返跑、两人传球跑动等)。

科学有效的准备活动是改善学生能力和表现的有效方法,也是避免损伤和帮助受伤肌肉康复的有效措施,不要认为这些方法简单而忽视它们的作用。

二、准备活动的生理效果

从生理学的角度看,准备活动有以下几种效果:
(1) 准备活动可以加快肌肉收缩速度并增加肌肉收缩时的力量。
(2) 准备活动可以改善肌肉协调能力。
(3) 准备活动可以预防或减少肌肉、肌腱、韧带的伤害。
(4) 针对耐力性运动项目,准备活动可以加速"再生气"(second wind)的出现。
(5) 准备活动可以改善肌肉的黏滞性。
(6) 准备活动可以使血红素与肌蛋白结合,并且使释放氧的能力增强。
(7) 准备活动可以改善代谢过程。
(8) 准备活动可以减轻血管壁阻力。
(9) 神经感觉受纳器的敏感度和神经传导速度可因体温适当提高而获得改善。
(10) 体温上升,可以刺激血管扩张,使活动部位的局部血流增加;血液的流速和流量随肌肉温度上升而增加,能源的供给、输送和代谢物的排出得以改善。

三、准备活动的原则

准备活动在体育运动中发挥着重要的作用。做好准备活动，我们需要遵循以下原则：

（一）针对性原则

准备活动需要根据具体的运动项目、学生的身体状况以及锻炼目标来设计，确保活动内容和形式与目标相符合，能够有效地达到热身和准备的目的。

（二）全面性原则

准备活动应该包括全身各个部位和器官的热身和准备，确保身体的全面活动和协调。这有助于避免在后续的运动中出现受伤或不适的情况。

（三）科学性原则

准备活动的强度、时间和方式应该根据个体差异和气候条件进行科学设计。这要考虑学生的年龄、体能水平、健康状况等因素，以确保活动能够达到最佳的热身效果，同时避免过度疲劳和受伤的风险。

（四）趣味性原则

准备活动可以结合游戏、音乐或互动等形式，增加活动的趣味性和吸引力。这有助于激发学生的积极性和热情，使准备活动更加有效和有趣。

（五）安全性原则

准备活动应该注意安全问题，确保着装、活动的场地、使用的器械等方面都符合运动安全要求。开展活动前需检查场地是否平整、设备是否完好等，以避免在活动中出现意外事故。

（六）循序渐进原则

准备活动应该循序渐进地进行，从低强度逐渐过渡到高强度。这有助于身体逐渐适应运动状态，减少因突然剧烈运动而造成的伤害。

（七）节约性原则

准备活动应该根据学生的水平和年龄进行合理安排，避免浪费时间和资源；同时，要确保活动的效果和效益，使每一分钟的活动都能为后续的体育锻炼提供有力的支持。

（八）可持续性原则

准备活动应该与后续的运动计划相衔接，确保活动的连续性和可持续性。这有助于学生形成长期的运动习惯，提高身体素质和健康水平。

综上所述，准备活动的原则是多方面的，旨在确保学生在体育锻炼前能够得到充分的热身和准备，从而减少运动伤害并提高运动效果。在实际应用中，可以根据具体情况灵活运用这些原则来制定适合的准备活动方案。

四、准备活动的时间与强度

一般来说，准备活动的强度和持续时间视个人体能情况而定，也因项目的不同而有所调整。身体素质较好的学生，体温调节系统的反应效率较高，因此需要较长、较剧烈的准备活动时间和强度，才能达到热身的效果。但是准备活动的强度太大反而会因过度疲劳而弄巧成拙。在寒冬时，准备活动的时间应适当增加，且为了维持上升的体温，必须依赖衣物保温。相反，在夏天或长距离项目，过长的准备活动时间可能导致体温过度上升而影响运动能力，反而得不偿失。研究表明，理想的准备活动时间应占运动总时间的10%～20%。例如，进行1小时的有氧运动，准备活动时间应该为6～12分钟。一般来说，身体微微出汗，便可以结束准备活动，也可用心跳次数作为准备活动结束的标准。准备活动时的心率达到最大心率的60%～70%即可。以下简单介绍计算心率的两个公式：

最大心率换算法：220－年龄＝最大心率

最佳运动心率换算法：最大心率×60%～最大心率×85%

例如，一位20岁的男性，他运动时的心率为：220－20=200。200×60%=120，200×85%=170，即他运动时的最佳心率应为120～170。200×60%=120，200×70%=140，即他准备活动时的心率应为120～140。

五、准备活动的作用

第一，提高肌肉温度和体温，保证运动的安全性。

第二，使血流量增加，氧气的扩散加快，肌肉供氧增加。

第三，使物质代谢和能量释放过程加强，加速燃脂。

第四，提高神经系统的兴奋度，提升运动效果。

第五，调节心理状态，快速投入运动。

六、准备活动的方法

（一）一般热身

通过5～10分钟的慢跑，身体温度会适度升高，肌肉、关节、韧带等逐渐进入运动状态，这样不仅可以有效提升运动表现，而且可以避免受伤。

（二）静态肌肉拉伸

静态肌肉拉伸是指肢体在一定活动范围内进行缓慢、柔和并保持一定时间的拉伸练习，是一种安全有效且简便易行的增加关节活动范围、发展柔韧性的方法。在运动前，静态肌肉拉伸作为准备活动可以降低肌肉的黏滞性，增加肌肉的顺应性和关节活动度，有利于增强肌肉的工作能力，发展肌肉力量，预防运动损伤。在运动后，静态肌肉拉伸常常用于整理活动，能即时放松肌肉，改善局部循环，加速消除疲劳，有效预防延迟性肌肉酸痛与肌肉劳损等。

1. 分类

静态肌肉拉伸一般分为主动静态拉伸和被动静态拉伸两种方式。进行被动静态拉伸时所施加的力是由外在力（同伴施加的力或机械力）提供的，而进行主动静态拉伸时所施加的力是由学生自己提供的。

进行主动静态拉伸时，主动肌保持收缩，牵拉相应的拮抗肌，尽力牵拉到最大幅度并保持较短时间。主动静态拉伸受到肌力的影响不能达到最大的拉伸范围，相对安全但幅度有限。

进行被动静态拉伸时，主动肌不收缩，依靠外力牵拉拮抗肌。拉伸的姿势可以通过自身体重或外界力量维持，能够有效提高关节活动度，降低肌肉紧张，加速局部血液循环，避免损伤的发生。

2. 基本原则

拉伸时不应超过肌肉的牵拉极限，否则可能造成肌纤维和结缔组织的损伤，应以有一定酸胀感、有轻微不适但能耐受的程度为宜。

3. 方法

当肢体拉伸达到某一位置时，将肢体固定在该位置，保持30～60秒后放松，可重复2～3次。拉伸时要配合调整呼吸，不要憋气。下面介绍几种常用的静态拉伸动作。

（1）肩胛伸展

动作要领：双脚站立与肩同宽。先将左手越过身体，左臂伸直，并以右手固定于左手肘处，然后将左手臂向身体靠，直至感觉到肩膀的肌肉紧绷。换边重复该动作（如图2-1所示）。

（2）上背部伸展

动作要领：双脚站立与肩同宽，双手十指交握，手臂自然伸直朝上方拉伸，掌心向上，抬头，眼睛看向手背（如图2-2所示）。

图2-1　肩胛伸展　　　　图2-2　上背部伸展

（3）阔背肌伸展

动作要领：站立于一能支撑体重的支撑物前，屈髋双手抓握并将身体往后倾，双膝微曲。双腿向地面施力，手臂向后拉（如图2-3所示）。

（4）胸大肌伸展

动作要领：站立在稳定的直立支撑物旁。将一手置于支撑物后，保持上臂与肩膀在同一平面上。将身体慢慢向前推出，直到胸部肌肉有伸展的感觉（如图2-4所示）。

图2-3　阔背肌伸展　　　　图2-4　胸大肌伸展

大学生体质健康测试项目运动指南

（5）髂胫束伸展

动作要领：身体直立，双脚打开与肩同宽。将一脚跨过另一脚，同时将对侧的手臂高举过头以维持平衡。换边重复该动作（如图2-5所示）。

（6）梨状肌伸展

动作要领：双腿伸直坐在地面。将右腿屈膝并跨过左腿，左腿保持伸直平贴地面。右手撑地使身体稳定，左手臂弯曲，左肘抵住右膝外侧，然后向左侧慢慢加压，同时躯干慢慢转向右侧，直到右侧臀部肌肉有被拉伸的感觉。换边重复该动作（如图2-6所示）。

（7）腿后肌伸展

动作要领：平躺于地面并伸直双腿。轮流将一腿抬起，并保持膝关节伸直固定，然后将脚趾头朝向身体方向拉。假如柔软度很好，则可将大腿拉近身体，以增加伸展幅度（如图2-7所示）。

图2-5　髂胫束伸展

图2-6　梨状肌伸展

图2-7　腿后肌伸展

（8）内收肌群伸展

动作要领：坐姿，屈膝将两脚掌相对并靠近身体，双手握紧脚掌以确保其紧紧相对。双膝缓慢地向地板靠近，当到达极限时，维持姿势几秒钟，然后还原（如图2-8所示）。

（9）股四头肌伸展

动作要领：成站立姿势，左脚抬离地面，左膝弯曲，右手抓住左脚脚踝向后拉，右髋部向后稍微倾斜，同时左手前伸或抓住固定物以维持身体平衡，感受左大腿前侧的股四头肌被拉扯。维持此姿势几秒，

图2-8　内收肌群伸展

020

放松，然后换右边进行（如图 2-9 所示）。

（10）小腿伸展

动作要领：成站立姿势。将左腿向前跨，呈屈膝姿势，并维持左膝盖在脚的正上方，勿歪向一边。右腿伸直，感觉右小腿后肌群被拉伸。换边进行左小腿的拉伸（如图 2-10 所示）。

图 2-9　股四头肌伸展　　　　　　　　图 2-10　小腿伸展

4. 注意事项

长时间的静态牵拉会使肌肉过于松弛，组织温度降低，血液循环受阻，导致肌肉力量下降，还会使中枢神经的兴奋度下降，神经冲动传导速度减慢，从而影响运动表现。因此，静态牵拉在准备活动中总是较早进行，安排在一般热身之后，动态肌肉拉伸之前，或者在锻炼结束后的放松活动环节进行。

（三）动态肌肉拉伸

动态肌肉拉伸为准备活动的一部分，其动作常常集平衡、稳定、协调、拉伸为一体，以缓慢、在控制范围内的肢体活动来增加关节的活动范围。动态肌肉拉伸练习可以激活稳定关节小肌群，使参与运动过程的关节更加稳定，使得机体更快进入工作状态，提升运动表现和预防运动损伤。

1. 基本原则

牵拉时要做到循序渐进，牵拉过程中不能为了追求额外的关节活动范围而偏离动作标准，在重复中缓慢地将肌肉牵拉到最大范围。

2. 方法

在进行动态肌肉拉伸时，一般采用与专项技术动作相似的动作，在原地或规定的距离内重复5～10次。在拉伸的过程中要体会肌肉积极性收缩的感觉,避免身体剧烈地摆动和回弹而引起的牵张反射。下面介绍几种常用的动态肌肉拉伸动作。

(1)抱膝前进

动作要领:直立正常站位,两脚与肩同宽。左膝抬至胸前,双手抱膝向上提拉,左脚尖勾起,同时右脚站住不离地,收紧右臀,保持背部挺直,拉伸动作保持1～2秒。换对侧拉伸,重复上述步骤(如图2-11和视频2-1所示)。

视频2-1
抱膝前进

图2-11　抱膝前进

拉伸部位:前侧腿的臀大肌和腘绳肌,以及后侧腿的屈髋肌群。

(2)斜抱腿走

动作要领:直立正常站位,两脚与肩同宽,抬头挺胸,腹部收紧。右膝弯曲,右手抬膝,左手抱住右脚踝,缓慢用力向上抬,将右膝抬至胸部下方,同时左脚站住不离地,收缩左侧臀大肌,拉伸1～2秒。换对侧拉伸,重复上述步骤(如图2-12和视频2-2所示)。

拉伸部位:前侧腿髋外侧肌群。

(3)燕式平衡

动作要领:直立单腿站位,左腿抬离地面,背部挺直,腹部收紧。双臂侧平举与身体成90度夹角,手掌半握,大拇指朝上。保持头部与脚踝呈一条直线,左侧臀部收紧,俯身并向后抬高左腿至身体与地面平行,拉伸动作保持1～2秒,并控制身体平衡。换至对侧,重复以上步骤(如图2-13和视频2-3所示)。

拉伸部位:腘绳肌。

图 2-12　斜抱腿走

视频 2-2
斜抱腿走

图 2-13　燕式平衡

视频 2-3
燕式平衡

（4）四肢走

动作要领：直立正常站位，两脚与肩同宽，先屈髋后弯，双手撑地，双腿伸直。双手向前方爬行，同时保持双腿伸直状态，始终感觉大腿后侧肌肉有较强牵拉感，双手爬至头的前下方，直至即将无法支撑住身体。保持双腿伸直，双脚走向双手，当感到牵拉时，双手向前走。此为一个动作循环，重复上述动作（如图 2-14 和视频 2-4 所示）。

拉伸部位：腘绳肌与腓肠肌等肌群。

视频 2-4
四肢走

图 2-14 四肢走

（5）相扑式深蹲

动作要领：直立姿势，双脚与肩同宽，背部挺直，腹部收紧，双臂伸直，俯身双手抓住脚尖，保持双腿呈直膝状态。下蹲，髋部贴向地面，双手置于两膝内侧，挺胸直背。保持背部平直，臀部向上直到腘绳肌感到牵拉，拉伸动作保持1～2秒；若比较轻松，则双手抓住双脚前部缓慢用力上掰，同时双膝逐渐伸直，感受到大腿后群肌肉有较强牵拉感，拉伸动作保持1～2秒。重复上述动作（如图2-15和视频2-5所示）。

视频 2-5
相扑式深蹲

图 2-15 相扑式深蹲

拉伸部位：腘绳肌和腹股沟。

（6）最伟大拉伸

动作要领：俯身，呈弓步姿势，左腿在前，右手支撑地面，左肘触碰左脚的内侧，拉伸动作保持1～2秒。左臂外展，躯干左转，眼睛看手尖方向，两臂呈一直线，拉伸动作保持1～2秒。回到起始姿势，左肘触碰左脚的内侧，拉伸动作保持1～2秒。重心逐渐后移，左腿伸直，左脚跟着地，右腿弯曲，躯干前倾，拉伸动作保持1~2秒。换至对侧，重复以上步骤（如图2-16和视频2-6所示）。

图2-16 最伟大拉伸

视频2-6 最伟大拉伸

拉伸部位：腹股沟、屈髋肌群、腘绳肌、腓肠肌、臀大肌等肌群。

（四）徒手弹性振动拉伸

徒手弹性振动拉伸，是指通过重复的且具有一定速度的肢体摆动动作，将肌肉、韧带、关节等活动范围增大的一种牵拉练习。徒手弹性振动拉伸的练习是动态的且富有弹性，旨在提高肌肉、关节和身体的温度，增加肌肉间的血流量和速度，使身体为接下来的运动练习做好准备，避免受伤。下面介绍几种常用的徒手弹性振动拉伸动作。

1. 头部运动

动作要领：两脚左右开立与肩同宽，保持身体直立，双手叉腰。首先低头下压2拍，然后抬头后仰2拍，接着头部向左侧压2拍，最后头部向右侧压2拍。重复做4个8拍（如图2-17所示）。

2. 肩部绕环

动作要领：两脚左右开立与肩同宽，保持身体直立，双臂向两侧抬起并弯曲，双手放在肩部。首先以肩为轴，双臂同时向前绕环2个8拍；然后双臂同时向后绕环2个8

图 2-17 头部运动

图 2-18 肩部绕环

拍。重复做 4 个 8 拍（如图 2-18 所示）。

3. 扩胸运动

动作要领：两脚左右开立与肩同宽，保持身体直立，双臂弯曲，抬高置于胸前，掌心朝下。首先两臂向后振动 2 拍，然后手臂向左右两侧舒展打开做 2 拍。重复做 4 个 8 拍（如图 2-19 所示）。

图 2-19 扩胸运动

4. 体转运动

动作要领：两脚左右开立与肩同宽，保持身体直立，双臂弯曲，抬高置于胸前，掌心朝下。首先躯干向左转动，双臂向左振动2拍；然后躯干向右转动，双臂向右振动2拍。重复做4个8拍（如图2-20所示）。

图2-20　体转运动

5. 腹背运动

动作要领：两脚左右开立与肩同宽，保持身体直立，双臂伸直位于身体两侧。首先双臂同时上抬至肩膀上方，振动手臂2拍；然后弯腰俯身，同时手臂向下接近地面2拍。重复做4个8拍（如图2-21所示）。

图2-21　腹背运动

6. 弓步压腿

动作要领：两脚前后站立，躯干直立，双手叉腰，成弓步姿势。首先身体小幅度、有节奏地上下振动2个8拍；然后两脚前后位置交换，再振动2个8拍。共做4个8拍（如图2-22所示）。

图 2-22　弓步压腿

7. 侧压腿

动作要领：下蹲。首先右腿弯曲，左腿伸直，左脚后跟着地，双手按住同侧膝关节，身体小幅度、有节奏地上下振动2个8拍；然后左腿弯曲，右腿伸直，右脚后跟着地，再振动2个8拍。共做4个8拍（如图2-23所示）。

图 2-23　侧压腿

8. 小腿拉伸

动作要领：两脚前后站立，前后脚间距一脚，前侧腿膝关节伸直，脚后跟着地，脚尖充分勾起，后侧腿膝关节弯曲，全脚掌着地。首先俯身弯腰，双臂伸直，双手贴近左脚，小幅度、有节奏地上下振动2个8拍；然后两脚交换，再振动2个8拍。共做4个8拍（如图2-24所示）。

图2-24　小腿拉伸

9.膝关节运动

动作要领：站立姿势，两脚并拢，屈膝屈髋，双手按住膝关节。首先膝关节顺时针绕环2个8拍，然后膝关节逆时针绕环2个8拍。共做4个8拍（如图2-25所示）。

图2-25　膝关节运动

10.腕、踝关节运动

动作要领：两脚前后站立，前后脚间距一脚，前侧脚全脚掌着地，膝关节伸直，后侧脚脚尖着地，脚后跟离地，膝关节弯曲，双手十指相扣，双臂弯曲位于胸前。首先后脚踝关节及双手腕关节绕环2个8拍；然后两脚交换，后脚踝关节及双手腕关节绕环2个8拍。共做4个8拍（如图2-26所示）。

图 2-26　腕、踝关节运动

总之，准备活动是我们做任何运动之前都必须做的一个重要步骤，至于选择何种方式，因人、因项目不同而有所差异。一般来说，准备活动以选择与运动项目相近的方式为佳，至于要选择何种方式，也因个人的喜好而有所不同，如慢跑、球类及其他运动方式。但我们不要忘记准备活动的顺序，要先做一般热身再进行肌肉拉伸，最后做与运动项目相关的活动，如与短跑相关的小步跑、跨步跳等，如此才能快快乐乐、平平安安地运动，得到健康的成果，而不至于败兴而归——未得健康的身体，反而受到运动伤害。

第二节　放松活动

放松活动又称"整理活动"，是指在体育锻炼或比赛结束后所进行的一系列放松练习和运动后恢复手段。这些活动以低强度、短时间、全面性为原则，旨在帮助人体从运动中的紧张状态逐渐过渡到安全状态，促进身体的恢复和放松，减少运动后的疲劳和不适感。

一、放松活动的生理影响

事实上，运动所引起的生理变化并不是随运动的停止而立即消失的。在进行剧烈的运动时，肌肉的活动常常是在缺氧的情况下进行的。如果不做放松活动而突然完全静止下来，身体的静止姿势就妨碍了剧烈的呼吸运动，影响氧的补充；同时必然影响静脉血的回流，心脏血液的输出量因而减少，血压必然降低，由于重力的影响，血液不容易送到头部，甚至可能造成暂时性的脑贫血，产生一系列的不良感觉，如恶心、心慌甚至晕倒等。

二、放松活动的作用

放松活动在体育锻炼和比赛结束后扮演着至关重要的角色，其作用主要体现在以下几个方面：

（一）促进血液循环和代谢

放松活动通过轻松的有氧运动和拉伸动作，可以促进血液循环，加速心脏向肌肉和全身各处输送血液，从而有助于肌肉中乳酸等代谢物的排出。这一过程有助于减少肌肉酸痛和疲劳感，促进身体的恢复。

（二）缓解肌肉紧张和僵硬

在剧烈运动后，肌肉会处于紧张甚至痉挛状态。放松活动中的拉伸动作可以拉长肌肉，使肌肉得到放松，缓解肌肉紧张和僵硬。这不仅有助于减轻运动后的不适感，而且能提高肌肉的柔韧性和关节的灵活性。

（三）恢复身体平衡

放松活动有助于调整身体的平衡状态。在剧烈运动中，身体各部分可能因为高强度、高频率的收缩和舒张而失去平衡。整理活动通过放松肌肉、调整呼吸和心态，帮助身体逐渐恢复平衡，为下一次运动做好准备。

（四）预防运动伤害

放松活动能够减少因突然停止运动而导致的肌肉僵硬、关节损伤等。通过缓慢降低心率、调整呼吸和放松肌肉，放松活动有助于身体逐渐过渡到安全状态，从而预防运动伤害的发生。

（五）心理放松和恢复

除了身体上的恢复外，放松活动还有助于心理的放松和恢复。在剧烈运动中，人体会分泌大量肾上腺素等激素，导致紧张和焦虑等情绪的产生。放松活动通过冥想、深呼吸等练习，有助于减轻这些情绪，使人体逐渐恢复到平静和放松的状态。

（六）提高运动效果

适当的放松活动可以促进肌肉的生长和修复，从而提高整体的运动效果。在放松活动中，肌肉得到充分的放松和休息，有助于其更好地适应和应对下一次运动的挑战。

综上所述，放松活动在体育锻炼和比赛结束后具有多方面的作用。它不仅有助于身体的恢复和放松，而且能预防运动伤害、提高运动效果，是体育锻炼中不可或缺的一部分。因此，在进行体育锻炼时，我们应该充分重视放松活动的实施，确保身体得到全面的恢复和放松。

三、放松活动的活动量

体育锻炼后放松活动的活动量应根据个人的身体状况、运动强度以及运动项目的特点来确定，并没有一个固定的标准，通常应控制在较低水平，以避免对已经疲劳的身体造成额外负担。一般来说，放松活动的强度应明显低于正式运动时的强度，持续时间也相对较短，可以根据个人感受进行调整。

四、放松活动的方法

体育锻炼后的放松活动方法多种多样，旨在帮助身体从运动状态逐渐过渡到休息状态，促进肌肉放松、血液循环和恢复。以下是一些常用的放松活动方法。

（一）慢跑或慢走

目的：促进血液循环，帮助肌肉放松，减少乳酸堆积。

方法：在高强度的体育锻炼结束后，建议进行5～10分钟的慢跑或慢走，具体时间可以根据个人体能和恢复状况来定。慢跑的速度应明显慢于正式跑步时的速度，以轻松的步伐为主。慢走则可以更加随意，以身体感觉舒适为宜，让身体逐渐适应从运动状态到休息状态的转变。

（二）使用泡沫轴进行肌肉松解

目的：通过滚动泡沫轴对肌肉进行深层次的按摩和放松，缓解肌肉紧张和僵硬。

方法：将泡沫轴放置在需要放松的肌肉下方，重复缓慢滚动泡沫轴1～2分钟，对肌肉进行按摩和放松。特别关注肌肉紧张或酸痛的部位，可适当增加滚动次数和力度。

1. 背部

动作要领：仰卧，双膝弯曲，双脚撑地，将泡沫轴置于背部下方，双手交叉抱头，利用双脚的力量带动身体前后移动，背部在泡沫轴上来回滚动（如图2-27所示）。

2. 臀部

动作要领：坐姿，双手撑地，双膝弯曲，双脚撑地，将泡沫轴置于臀部下方，利用双手和双脚的力量带动身体前后移动，臀部在泡沫轴上来回滚动（如图2-28所示）。

图 2-27 背部　　　　　　　　　　图 2-28 臀部

3. 大腿外侧

动作要领：侧卧，以放松右腿为例，右肘和左手撑地，左腿屈曲，左脚撑地在右腿前侧，右腿伸直，右大腿外侧肌肉置于泡沫轴上，利用手肘及左脚的力量带动身体前后移动，右大腿外侧肌肉在泡沫轴上来回滚动。右侧放松结束换左侧（如图 2-29 所示）。

4. 大腿内侧

动作要领：俯卧，双肘撑地，以放松左腿为例，右腿伸直，前脚掌撑地，左腿屈膝屈髋，前脚掌内侧撑地，左大腿内侧肌肉置于泡沫轴上，利用双脚及双肘的力量带动身体左右移动，左大腿内侧肌肉在泡沫轴上左右滚动。左侧放松结束换右侧（如图 2-30 所示）。

图 2-29 大腿外侧　　　　　　　图 2-30 大腿内侧

5. 大腿前侧

动作要领：俯卧，双肘撑地，以放松左腿为例，右腿屈曲，右膝、右脚撑地，左腿伸直，左大腿前侧肌肉置于泡沫轴上，利用右脚及双肘的力量带动身体前后移动，左大腿前侧肌肉在泡沫轴上来回滚动。左侧放松结束换右侧（如图 2-31 所示）。

6. 大腿后侧

动作要领：坐姿，双手撑地，双腿伸直，将泡沫轴置于两腿大腿后侧下方，利用双手的力量带动身体前后移动，两腿大腿后侧在泡沫轴上来回滚动（如图 2-32 所示）。

图 2-31　大腿前侧　　　　　　　　　　图 2-32　大腿后侧

7. 小腿前侧

动作要领：俯卧，双手撑地，以放松左腿为例，右腿屈曲，右脚撑地，左小腿前侧肌肉置于泡沫轴上，利用右脚及双手的力量带动身体前后移动，左小腿前侧肌肉在泡沫轴上来回滚动。左侧放松结束换右侧（如图2-33所示）。

8. 小腿后侧

动作要领：坐姿，双手撑地，双腿伸直，将泡沫轴置于两腿小腿后侧下方，利用双手的力量带动身体前后移动，两腿小腿后侧在泡沫轴上来回滚动（如图2-34所示）。

图 2-33　小腿前侧　　　　　　　　　　图 2-34　小腿后侧

（三）静态拉伸

目的：缓解肌肉紧张，增加肌肉柔韧性，减少运动后的酸痛感。

方法：针对运动中活动较多的肌肉群进行拉伸，如大腿前后侧、小腿、肩部、背部肌群等。拉伸动作应缓慢、平稳，避免用力过猛导致拉伤。每个拉伸动作保持30～60秒，重复2～3次（拉伸方法可参考本章第一节标题六的相关内容）。

（四）抖动放松

目的：放松肌肉，促进血液循环。

方法：站立或坐下，双手自然下垂。快速抖动四肢，特别是手臂和腿部，每次抖动持续 1～2 分钟。

（五）拍打按摩

目的：促进血液循环，加速代谢物的排出，缓解肌肉疲劳。

方法：对身体各部位进行拍打，特别是肌肉紧张或酸痛的部位。拍打力度适中，避免用力过猛导致疼痛或损伤。配合局部轻推拿、揉捏等手法，效果更佳。

（六）睡眠

睡眠是消除疲劳、恢复体能的好方式。睡眠时大脑皮层的兴奋度降低，机体与外界环境的主动联系大大减少，全身肌肉处于放松状态，能量消耗较少。体内分解代谢处于较低水平而合成代谢水平则相对较高，这有利于体内能量的蓄积。

大学生日常锻炼期间，每天应有不少于 8 个小时的睡眠，大运动量时睡眠时间应适当延长。为了增加睡眠和延长自然睡眠时间，在就寝前应尽量避免外界刺激，使心理趋于平静状态。

（七）补充营养物质

运动中消耗的物质需要饮食中的营养物质来补充。因此，合理安排营养膳食是消除疲劳、促进恢复以及增强运动能力的重要手段。

在长时间的运动过程中，体内糖原大量消耗，因此运动后的膳食应适当增加糖的含量。研究发现，长时间运动后，运动者食用高糖膳食，肌糖原可在 48 个小时内完全恢复；若食用高脂肪和高蛋白膳食，则运动结束后第五天尚未完全恢复。在以力量为主的运动中，由于运动的目的是增加肌肉力量，因此运动后应多补充蛋白质，还应补充一定量的无机盐和维生素。在以速度为主的运动中，应适当补充糖、蛋白质、维生素 B 和维生素 C 等营养物质。而在热环境下的运动，机体的水分和电解质丢失较多，应采取少量多次的方法补充适量的液体（如淡盐水）。此外，运动后应多食用碱性食物，如奶类、水果、蔬菜、豆制品等。

有研究发现，如果人体经常在机体代谢和机能状况没有充分恢复的情况下继续运动，就会引起代谢过程紊乱、机能调节失调、运动能力下降。因此，运动后合理安排膳食，有利于促进机能恢复和提高运动效果。

五、注意事项

个人感受：放松活动的活动量应根据个人感受进行调整，避免过度活动导致身体疲劳加重。

逐步过渡：从高强度运动过渡到放松活动时，应逐步降低运动强度，避免突然停止运动导致身体不适。

全面性：放松活动应涵盖全身各部位的肌肉群，以达到全面放松的效果。

短时间：放松活动的时间一般控制在 10～20 分钟为宜。

持续监测：在放松活动过程中，应持续监测自己的身体状况和感受，如有不适，则应及时调整或停止活动。

第三章
体质健康测试项目

第一节　立定跳远测试

立定跳远，是指不用助跑，从立定姿势开始的跳远。立定跳远是大学生体质健康测试项目中的一项基本测试内容，从测试目的来讲，它是一个用于评估大学生下肢肌肉力量、爆发力和身体协调能力的有效手段。立定跳远成绩可以有效反映每位大学生的肌肉快速工作能力，以及上肢、躯干和下肢各部位间的协调配合能力，对大学生的全面发展具有重要意义。

一、立定跳远测试方法

立定跳远测试时，学生站在起跳线后方，两脚自然开立，两脚原地同时用力蹬地起跳，向前跳至尽可能远的地方，落地后从测试区前方离开。丈量落地区最近着地点与起跳线后沿之间的最短距离，成绩精确到1厘米。

二、立定跳远动作要领

立定跳远动作要领包括预摆、起跳、腾空和落地四个部分（如图3-1所示）。

图3-1　立定跳远

（一）预摆

两脚左右开立，与肩同宽，两臂前后摆动。前摆时重心上移，肩、髋自然打开，两腿伸直，后摆时屈膝屈髋重心降低，上体稍前倾，手臂尽量往后摆，下蹲至大腿与地面约呈45度夹角。

要点：上下肢动作协调配合。前摆时展体，动作缓慢；后摆时降重心，速度快，上体稍前倾。

（二）起跳

两臂由后往前上方快速摆动，两脚快速用力蹬地，起跳瞬间充分伸肩、髋、膝。

要点：摆臂和腿蹬要快、协调，前脚掌蹬地快速有力。

（三）腾空

起跳结束后，身体在空中充分展体，通过腾空的最高点后两臂由前向后摆动，同时快速屈髋、收腹，躯干前倾，两腿上抬折叠后小腿前伸。

要点：起跳后展体充分，屈髋、收腹快，小腿前伸充分。

（四）落地

双脚同时落地，脚后跟先着地然后过渡到全脚掌，屈膝屈髋缓冲，同时躯干前倾，重心前移，保持身体平衡。

要点：双脚同时落地，屈髋屈膝缓冲，平稳落地后起身向前离开落地区。

三、立定跳远常见错误

预摆：两脚内八或外八站立，两脚左右距离过宽或过窄，预摆下蹲时双膝内扣，预摆时手脚配合不协调，下蹲时重心过高或过低。

起跳：起跳时脚蹬地在前、摆臂发力在后，未向前上方摆臂、向上蹬地发力。

腾空：起跳后未充分展体，未及时屈髋收腹，小腿未前伸。

落地：躯干未前收，重心靠后，未屈膝屈髋落地。

四、立定跳远辅助练习方法

（一）原地摆臂

两脚左右开立，与肩同宽，两臂前后摆动。前摆时重心上移，肩、髋自然打开，两腿伸直；后摆时屈膝屈髋，重心降低，上体稍前倾，手臂尽量往后摆，下蹲至大腿与地面夹角约 45 度。后摆下蹲速度慢，前摆蹬伸速度快（如图 3-2 和视频 3-1 所示）。

练习目标：提升上下肢摆动协调配合能力。

视频 3-1 原地摆臂

图 3-2　原地摆臂

（二）原地挺身展腹跳

准备时，双脚分开与肩同宽，膝盖弯曲，身体下蹲，两臂自然后摆。起跳时，双脚用力蹬地，同时双臂快速向上摆动，带动身体向上跳起。在空中，身体充分伸展，挺胸、展腹，腹部尽量向前挺出，同时双腿伸直向后展开，使身体呈反弓形。落地时，前脚掌先着地，随后过渡到全脚掌，膝盖弯曲缓冲，保持身体平衡（如图 3-3 和视频 3-2 所示）。

练习目标：体会空中展体动作，提升下肢爆发力。

（三）原地纵跳

准备阶段，双脚分开与肩同宽，两脚尖向前，屈膝屈髋，大腿下降至与地面平行，膝关节不要内扣，重心稍向前倾，双臂在身体两侧自然后摆。起跳时，双脚用力蹬地，快速伸直膝关节和髋关节，双臂同时快速向上摆动。腾空阶段，身体尽量伸展，保持身体平衡，让身体在空中达到最高的高度。落地时，前脚掌先着地，随后过渡到全脚掌，膝盖弯曲缓冲，以减少冲击力，同时保持身体稳定（如图 3-4 和视频 3-3 所示）。

练习目标：提升上下肢协调配合能力、下肢爆发力和下肢肌肉力量。

图 3-3 原地挺身展腹跳

视频 3-2 原地挺身展腹跳

图 3-4 原地纵跳

视频 3-3 原地纵跳

（四）双脚前后跳

站立准备时，双脚与肩同宽，膝盖微微弯曲，身体重心稍向前倾。起跳时，双脚蹬地，背部挺直，腹部收紧，手脚协调配合，利用腿部力量使身体向前、向后快速小跳。落地时，前脚掌先着地，缓冲落地的冲击力，同时保持膝盖弯曲来稳定身体，避免受伤，且要注意保持平衡（如图 3-5 和视频 3-4 所示）。

图 3-5　双脚前后跳

视频 3-4
双脚前后跳

练习目标：提升下肢爆发力、下肢肌肉和踝关节力量。

（五）双脚左右跳

双脚自然开立，膝盖微微弯曲，将重心放在两脚中间，两臂自然弯曲位于胸前。起跳时，背部挺直，腹部收紧，双脚同时发力向左、向右反复快速小跳，跳跃时主要依靠腿部和脚踝的力量。在跳跃过程中，保持身体的正直和平衡，不要过度前倾或后仰。落地时，双脚同时落地，屈膝，以减少冲击力（如图3-6和视频3-5所示）。

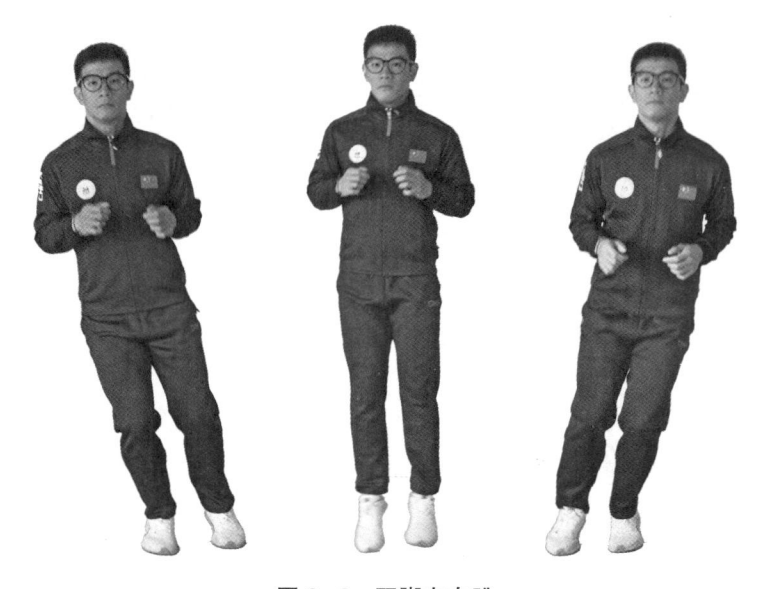

视频 3-5
双脚左右跳

图 3-6　双脚左右跳

练习目标：提升下肢爆发力、下肢肌肉和踝关节力量。

（六）原地碎步跳

双脚左右开立，距离略宽于肩，双脚的脚尖朝前，膝盖微微弯曲，将重心放在前脚掌上，双臂自然位于身体两侧。跳动过程中，背部挺直，腹部收紧，双脚快速交替抬起、蹬地，每次抬起的高度较低，距离地面几厘米即可。双脚跳动频率要快，就像小碎步一样，且跳动时保持躯干稳定，上半身微微前倾，双肩放松，双臂协调小幅度摆动，同时呼吸均匀（如图3-7和视频3-6所示）。

图3-7　原地碎步跳

视频3-6
原地碎步跳

练习目标：提升下肢肌肉和踝关节力量。

（七）原地收腹跳

准备时，双脚开立与肩同宽，膝盖微曲，身体下蹲，重心放在两脚掌上，双手放在身体两侧向后摆。双脚用力蹬地，垂直向上跳起，同时手臂快速上摆，带动身体上升。在空中时，双腿屈膝，把大腿靠近胸部，同时腹部用力，整个动作要快速且有力度。落地时，前脚掌先着地，落地瞬间膝盖弯曲进行缓冲，防止受伤。落地后，迅速恢复到起始的准备姿势，为下一次跳跃做准备（如图3-8和视频3-7所示）。

练习目标：提升腰腹部、下肢肌肉力量和爆发力。

（八）原地摸脚跳

准备时，双脚左右分开，与肩同宽，身体下蹲，屈膝屈髋，将重心放在脚掌上，两臂自然位于身体两侧。双脚用力蹬地，使身体垂直向上跳起。在跳起的过程中，要利用

视频 3-7
原地收腹跳

图 3-8　原地收腹跳

腹部力量带动上半身向前倾，同时手臂伸直，用双手尽量去触摸双脚。落地时，注意缓冲，膝盖弯曲，脚掌先着地，再慢慢过渡到全脚掌着地。迅速恢复到起始姿势，为下一次跳跃做准备（如图 3-9 和视频 3-8 所示）。

图 3-9　原地摸脚跳

视频 3-8
原地摸脚跳

练习目标：提升腰腹部、下肢肌肉力量和爆发力。

（九）单脚横向障碍跳

选择合适高度的障碍物，单脚站在障碍物一侧，身体重心稍向前倾，膝盖微屈，双臂自然位于身体两侧。起跳脚用力蹬地，迅速向侧上方跳起，使身体越过障碍物。同时，双臂向起跳方向摆动助力，帮助身体在空中保持平衡和增加横向的动力。在腾空过程中，身体保持平衡，尽量伸展身体，起跳脚适当抬高，避免触碰障碍物。落地时，起跳脚前脚掌先落地，然后慢慢过渡到整个脚掌着地，膝盖自然弯曲缓冲。整个过程背部挺直，腹部收紧。落地后迅速调整身体平衡，为下一次跳跃做准备（如图 3-10 和视频 3-9 所示）。

图 3-10 单脚横向障碍跳

视频 3-9 单脚横向障碍跳

练习目标：提升下肢爆发力、下肢肌肉和踝关节力量。

（十）横向跨障碍跳

选择合适高度的障碍物，左脚站在障碍物左侧，右脚离地，身体重心稍向前倾，膝盖微屈。左脚用力蹬地，迅速向右侧上方跳起，使身体越过障碍物。在腾空过程中，身体保持平衡。落地时，右脚前脚掌先落地，然后慢慢过渡到整个脚掌着地，膝盖自然弯曲缓冲。整个过程背部挺直，腹部收紧，手脚协调配合。落地后迅速调整身体平衡，反方向跳回，重复进行（如图 3-11 和视频 3-10 所示）。

练习目标：提升下肢爆发力、下肢肌肉和踝关节力量。

（十一）单脚纵向障碍跳

选择合适高度的障碍物，单脚站在障碍物的后方，身体重心稍向前倾，膝盖微屈，双臂自然位于身体两侧。起跳脚用力蹬地，迅速向前上方跳起，使身体越过障碍物，同时双臂向前上方用力摆动。在腾空过程中，身体保持平衡，尽量伸展身体，起跳脚适当

视频 3-10
横向跨障碍跳

图 3-11 横向跨障碍跳

抬高，避免触碰障碍物。落地时，起跳脚前脚掌先落地，然后慢慢过渡到整个脚掌着地，膝盖自然弯曲缓冲，保持身体平衡。整个过程背部挺直，腹部收紧（如图 3-12 和视频 3-11 所示）。

视频 3-11
单脚纵向障碍跳

图 3-12 单脚纵向障碍跳

练习目标：提升下肢爆发力、下肢肌肉和踝关节力量。

（十二）纵向跨障碍跳

选择合适高度的障碍物，右脚站在障碍物的后方，左脚离地，身体重心稍向前倾，膝盖微屈，双臂自然弯曲，左手在前，右手在后。右脚用力蹬地，迅速向前上方跳起，左脚向前跨出，使身体越过障碍物；同时右臂向前上方用力摆动，左臂向后下方用力摆动。在腾空过程中，身体保持平衡。落地时，左脚前脚掌先落地，然后慢慢过渡到整个脚掌着地，膝盖自然弯曲缓冲。整个过程背部挺直，腹部收紧，手脚协调配合。落地后迅速调整身体平衡，反方向跳回，重复进行（如图3-13和视频3-12所示）。

图 3-13　纵向跨障碍跳

练习目标：提升下肢爆发力、下肢肌肉和踝关节力量。

视频 3-12
纵向跨障碍跳

（十三）双脚连续横向障碍跳

站在障碍物的右侧，双脚自然开立，屈膝屈髋，膝盖不要内扣，将重心放在两脚中间，两臂自然伸直位于身体两侧偏后。起跳时，背部挺直，腹部收紧，双脚同时蹬地发力向左侧面横向跳起，同时双臂协调配合向前上方摆动。在腾空过程中，保持身体平衡，双腿微曲，越过障碍物。落地时，前脚掌先落地，然后慢慢过渡到整个脚掌着地，屈膝屈髋，重心降低，双臂后摆。调整身体姿势，迅速向左跳过下一个障碍物。跳过最后一个障碍物后，反方向跳回，重复进行。整个过程背部挺直，慢蹲快起（如图3-14和视频3-13所示）。

练习目标：提升上下肢协调配合能力、下肢爆发力和下肢肌肉力量。

（十四）双脚连续纵向障碍跳

站在障碍物的后方，双脚自然开立，屈膝屈髋，膝盖不要内扣，将重心放在两脚中间，两臂自然伸直位于身体两侧偏后。起跳时，背部挺直，腹部收紧，双脚同时蹬地发力向前上方跳起，同时双臂协调配合向前上方摆动。在腾空过程中，保持身体平衡，双腿微曲，

大学生体质健康测试项目运动指南

视频 3-13 双脚连续横向障碍跳

图 3-14 双脚连续横向障碍跳

越过障碍物。落地时，前脚掌先落地，然后慢慢过渡到整个脚掌着地，屈膝屈髋，重心降低，双臂后摆。调整身体姿势，迅速向前跳过下一个障碍物。跳过最后一个障碍物后，反方向跳回，重复进行。整个过程背部挺直，慢蹲快起（如图3-15和视频3-14所示）。

图3-15 双脚连续纵向障碍跳

视频 3-14
双脚连续纵向障碍跳

图 3-15（续）

练习目标：提升上下肢协调配合能力、下肢爆发力和下肢肌肉力量。

（十五）负重深蹲跳

双脚开立与肩同宽，脚尖朝前，双臂自然伸直，双手握住哑铃位于体前。屈膝屈髋，膝盖不要内扣，缓慢下蹲至大腿与地面平行。双脚用力向下蹬地，身体快速腾起，快速伸直膝关节和髋关节。双脚在下蹲过程中，重心放在脚的中部，膝盖弯曲方向与脚尖方向一致，不能内扣，避免造成膝关节损伤。落地时，前脚掌先落地，然后慢慢过渡到整个脚掌着地，屈膝屈髋，重心降低。整个过程背部挺直，腹部收紧，手臂尽量不要晃动，慢蹲快起，保持呼吸均匀，下蹲时吸气，跳起时呼气，控制好身体平衡，重复进行（如图 3-16 和视频 3-15 所示）。

图 3-16　负重深蹲跳

视频 3-15
负重深蹲跳

练习目标：提升下肢爆发力、下肢肌肉和踝关节力量。

（十六）连续蛙跳

两脚开立与肩同宽，脚尖向前，屈膝屈髋，双手位于身体两侧，躯干稍微前倾。起跳时，双脚用力蹬地，同时双臂快速摆动，带动身体向前上方跳起。腾空时，保持躯干前倾，尽量伸展双腿，让身体向前跃出。落地时注意缓冲，膝盖弯曲，脚掌先着地，再慢慢过渡到全脚掌着地。着地后，迅速衔接下一次起跳动作，整个过程要连贯、有节奏感。整个过程腰背挺直，手脚协调配合（如视频 3-16 所示）。

视频 3-16
连续蛙跳

练习目标：提升上下肢协调配合能力、下肢爆发力和下肢肌肉力量。

五、提高立定跳远成绩的训练方案

（一）初级训练方案

掌握正确的立定跳远动作是确保高效、安全训练的前提。本方案通过正确的立定跳远动作、上下肢协调摆动、低等强度跳跃练习方法，让学生形成正确的立定跳远动作，提高上下肢协调配合能力，增强下肢肌肉力量和爆发力，从而提高学生的立定跳远成绩（如表 3-1 所示）。

表 3-1　立定跳远初级训练方案

动作名称	训练量	组 数	间 歇	动作节奏
原地摆臂	3 次	4	10 秒	中速
双脚前后跳	20 秒	2	60 秒	中速
双脚左右跳	20 秒	2	60 秒	中速
单脚横向障碍跳	20 秒	2	60 秒	慢速
横向跨障碍跳	20 秒	2	60 秒	中速
单脚纵向障碍跳	20 秒	2	60 秒	慢速
纵向跨障碍跳	20 秒	2	60 秒	中速
原地挺身展腹跳	20 秒	2	60 秒	中速
立定跳远	5 次	1	30 秒	中速

学生可运用本方案每周练习2～3次，每次间隔时间为2～3天。练习2～3周后，如果学生已经基本适应了本方案的训练量，就可以根据自身情况加快练习节奏或直接实施下一阶段的训练方案，以获得更好的训练效果。

（二）中级训练方案

对于已经适应初级训练方案强度的学生，可以尝试实施中级训练方案。本方案增大了动作难度和训练强度，能够进一步强化下肢肌肉力量和爆发力，并优化立定跳远动作，从而提升立定跳远成绩（如表3-2所示）。

表 3-2　立定跳远中级训练方案

动作名称	训练量	组 数	间 歇	动作节奏
原地摆臂	3 次	4	10 秒	中速
原地碎步跳	20 秒	2	60 秒	中速
单脚横向障碍跳	20 秒	2	60 秒	中速
单脚纵向障碍跳	20 秒	2	60 秒	中速
原地挺身展腹跳	20 秒	2	60 秒	中速
原地收腹跳	20 秒	2	60 秒	中速

续　表

动作名称	训练量	组　数	间　歇	动作节奏
原地摸脚跳	20秒	2	60秒	中速
原地纵跳	20秒	2	60秒	中速
立定跳远	5次	1	30秒	中速

学生可运用本方案每周练习2～3次，每次间隔时间为2～3天。练习2～3周后，如果学生已经基本适应了本方案的训练量，就可以根据自身情况加快练习节奏或直接实施下一阶段的训练方案，以获得更好的训练效果。

（三）高级训练方案

对于身体素质较好或已适应中级训练方案强度的学生，可以尝试实施高级训练方案。本方案练习的动作更加全面，动作难度和训练强度更高，对学生的身体素质要求也进一步提高（如表3-3所示）。

表3-3　立定跳远高级训练方案

动作名称	训练量	组　数	间　歇	动作节奏
原地摆臂	3次	4	10秒	中速
原地碎步跳	30秒	2	60秒	快速
原地挺身展腹跳	30秒	2	60秒	中速
原地收腹跳	30秒	2	60秒	中速
原地摸脚跳	30秒	2	60秒	中速
负重深蹲跳	20秒	2	60秒	中速
原地纵跳	20秒	2	60秒	中速
立定跳远	5次	1	30秒	中速
连续蛙跳	10次	4	120秒	中速

学生可运用本方案每周练习2～3次，每次间隔时间为2～3天。练习2～3周后，如果学生已经基本适应了本方案的训练量，就可以根据自身情况自由搭配练习动作或提升负荷强度，以获得更好的训练效果，从而进一步提高立定跳远的成绩。

第二节 50米跑测试

50米跑是大学生体质健康测试项目的重要测试内容，可以有效地反映学生的爆发力、移动速度、反应速度、灵敏性等身体素质以及神经系统的机能状态，是评价学生速度素质的重要指标。

一、50米跑测试方法

测试时，学生站在起跑线后采用站立式起跑姿势，当听到起跑信号后立即向前出发，沿着自己的跑道跑完全程，计时者在起跑信号发出后开始计时，待学生躯干任何部位（不包括头、颈、四肢）抵达终点线的垂直面时停止计时，所得时间为50米跑的测试成绩，时间精确到0.1秒（按小数点后第两位数非0进1的规则）。起跑时学生不得踩线、抢跑，跑的过程中学生不得串道跑。

二、50米跑技术要领

50米跑技术主要包括起跑、起跑后的加速跑、途中跑、终点冲刺跑四个部分。

（一）起跑（站立式）

双脚前后开立站于起跑线后，强有力的腿在前，另一条腿在后，两脚前后间距一脚或一脚半，双膝弯曲，前侧膝关节弯曲幅度稍大些，前侧脚全脚掌着地，后侧脚前脚掌着地，脚后跟抬起，躯干前倾，重心放在前侧腿上，双臂成短跑摆臂状，前侧脚异侧的手臂在前，前侧脚同侧的手臂在后。颈部放松，眼睛看向前下方地面，保持身体稳定姿势，注意听起跑信号。听到起跑信号后，前脚用力蹬地，前腿充分蹬伸，后腿充分提拉，同时双臂积极、快速、用力前后摆动，使身体快速向前冲出，过渡到起跑后的加速跑阶段。

（二）起跑后的加速跑

在起跑后的前几步要小跨步，步幅不能太大，身体保持前倾的姿势，不要过早抬头，平稳逐渐提高重心，前脚掌用力蹬地，双臂积极交替摆动。

（三）途中跑

起跑后的加速跑过后便进入途中跑阶段。在此阶段，保持高重心，头部正直，眼睛注视正前方，下巴微收，躯干直立或微前倾，含胸收腹，保持躯干稳定，减少躯干晃动。两臂以肩关节为轴，在身体两侧用力屈臂摆动，双手成掌（或半握拳），前摆时手指与眼睛齐高（半握拳时与下巴齐高），后摆时肘关节向后顶，前臂摆至腰后方，全程保持关节放松。摆动腿前摆时，大腿积极上抬，大腿带动小腿积极前伸、下压，前脚掌着地，快速蹬伸离地，小腿充分折叠。在途中跑的整个过程中，要保持摆臂和跨腿的动作相协调。

（四）终点冲刺跑

距离终点线最后 5 米进入冲刺跑阶段。冲刺跑最后身体的前倾加大；同时，保持身体平衡，谨防重心过度前倾而摔倒，以最快的速度跑过终点线。冲刺的过程中，要挺胸，身体逐渐前倾，步幅拉大，重心前移，接近终点时用胸或肩部撞终点线，完成冲刺动作。

三、50 米跑常见错误

起跑：反应慢，脚蹬地发不上力，手脚不协调，重心太靠后，前侧脚先离地。

起跑后的加速跑：过早抬头及升高重心，手臂摆动幅度较小，步幅过大。

途中跑：手臂左右摆，低头或抬头跑，摇头晃脑跑，躯干后仰，大腿抬不高，踢小腿跑，脚后跟先着地，不沿直线跑。

终点冲刺：未到终点线提前减速，到终点线急刹车，到终点线向前跳跃。

四、50 米跑辅助练习方法

（一）原地摆臂

1. 坐姿摆臂

坐姿，两腿自然伸直，躯干挺直并微前倾，头部正直，下巴微收，两眼平视前方，肩关节放松，两臂自然弯曲位于身体两侧，双手成掌（或半握拳），肘关节弯曲约 90 度。以肩关节为轴，两臂交替前后摆动。前摆时，手指与眼睛齐高（半握拳时与下巴齐高）；后摆时，肘关节向后顶，前臂摆至腰后方。摆动速度与跑步的节奏相配合，快速有力地摆动，且节奏要稳定，为腿部动作提供平衡和动力（如图 3-17 和视频 3-17 所示）。

练习目标：提升短跑摆臂技术。

2. 站姿摆臂

双脚前后站立，躯干挺直并微前倾，头部正直，下巴微收，两眼平视前方，肩关节放松，两臂自然弯曲位于身体两侧，双手成掌（或半握拳），肘关节弯曲约 90 度。以肩

图 3-17　坐姿摆臂

视频 3-17
坐姿摆臂

关节为轴，两臂交替前后摆动。前摆时，手指与眼睛齐高（半握拳时与下巴齐高）；后摆时，肘关节向后顶，前臂摆至腰后方。摆动速度与跑步的节奏相配合，快速有力地摆动，且节奏要稳定，为腿部动作提供平衡和动力（如图 3-18 和视频 3-18 所示）。

视频 3-18
站姿摆臂

图 3-18　站姿摆臂

练习目标：提升短跑摆臂技术。

（二）小步跑

视频 3-19
小步跑

身体稍前倾，重心在前脚掌上。腿部动作方面，膝关节要放松，小腿自然折叠，前脚掌先积极下压"扒地"，然后快速、小幅度地蹬地，使步频逐渐加快，脚着地时同侧膝关节伸直；同时，手臂自然摆动，肩部放松，以保持身体平衡和协调，两臂屈肘前后摆动，幅度较小。整个动作过程中要保持节奏感，呼吸要有规律（如视频 3-19 所示）。

练习目标：提升上下肢协调配合能力和下肢动作速度。

（三）左右转髋跳

两脚左右开立，略宽于肩，双臂自然弯曲位于两侧。通过髋关节发力来带动身体转动。向左转髋时，左脚后跟着地，右脚前脚掌着地，把髋部向左顶出；向右转髋时，动作相反。双臂跟随下肢动作自然摆动以辅助身体平衡，在整个跳动过程中，核心收紧，保持身体稳定，身体重心起伏小（如图3-19和视频3-20所示）。

图3-19　左右转髋跳

视频3-20
左右转髋跳

练习目标：提升上下肢协调配合能力和髋关节灵活性。

（四）交叉步跑

身体横向直立，左侧身体靠近前进方向，头部保持正直，身体微微前倾。右脚从左脚前方交叉跨过，前脚掌着地，右脚落地后，左脚迅速从右脚后方交叉迈出，左脚落地方式同右脚，依次交替进行。在交叉步跑过程中，髋关节要随腿部动作灵活转动，每次迈步时髋关节都要向迈步方向扭转。手臂与腿部动作协调配合，当右脚从左脚前交叉迈出时，左臂向前摆动，右臂向后摆动。交叉步跑要保持一定的节奏，迈步的频率和速度可根据个人情况进行调整，但动作要连贯、流畅，避免出现停顿或不协调的情况；同时，保持呼吸均匀和顺畅，避免憋气（如视频3-21所示）。

视频3-21
交叉步跑

练习目标：提升上下肢协调配合能力、髋关节灵活性和下肢力量。

（五）高抬腿

身体直立，头部保持正直，目视前方，含胸收腹，两臂自然弯曲呈90度左右位于身体两侧，肩部放松。将一侧大腿快速抬高，尽量使大腿与地面平行，小腿自然下垂，脚尖自然勾起，大腿抬到最高位置时，迅速积极下压，前脚掌着地，然后充分蹬伸。两腿交替进行，形成连贯的高抬腿动作。在整个过程中，两臂与腿部动作协调配合摆动，当一侧腿高抬时，同侧的手臂向后摆动，另一侧手臂向前摆动，要尽量保持动作的连贯性和节奏感，避免出现停顿或动作过于缓慢的情况，保持呼吸均匀和顺畅，避免憋气（如视频3-22所示）。

视频3-22 高抬腿

练习目标：提升上下肢协调配合能力、下肢爆发力和动作速度。

（六）后踢臀跑

身体直立，头部保持正直，目视前方，两臂自然弯曲呈90度左右位于身体两侧，肩部放松。运动开始时，以右脚为例，右腿小腿主动向后上方抬起，尽量用右脚后跟去触碰右侧臀部，抬起腿时，大腿保持垂直于地面或稍向前倾，主要依靠小腿的爆发力和膝关节的弯曲来完成动作。当右脚后跟触碰到臀部后，右脚迅速放下，同时左脚开始重复上述动作，左右脚交替进行。在整个过程中，手臂与腿部动作协调配合，当右脚向后踢时，右臂向前摆动，左臂向后摆动。保持一定的运动节奏，后踢臀动作要快速且连贯，避免出现停顿或拖沓的情况，控制好运动速度，根据自身情况可以逐渐加快，但要保证动作的质量，保持呼吸均匀和节奏，避免憋气（如视频3-23所示）。

视频3-23 后踢臀跑

练习目标：提升上下肢协调配合能力、下肢爆发力和动作速度。

（七）后蹬跑

上体正直或稍前倾，头部保持正直，目视前方，腹部微收，双肩放松。后侧腿发力蹬地，使后侧髋、膝、踝三个关节依次充分伸展，后侧腿尽量伸直，将身体向前推进；同时，前侧腿的大腿快速积极上抬至与地面平行，小腿自然下垂，脚尖自然勾起，然后前侧腿自然下落，在落地时，前脚掌先着地，再逐渐过渡到全脚掌着地，同时膝关节自然弯曲缓冲，形成下一个后蹬的准备姿势，左右脚交替进行。在整个过程中，呼吸要均匀、有节奏，避免憋气，手臂与腿部动作协调配合，当右腿后蹬时，左臂向前摆动，右臂向后摆动。后蹬跑要保持一定的节奏，后蹬、前摆、落地缓冲这几个动作要连贯流畅，形成一个有韵律的循环，运动速度可根据自身情况调整，但要保证每个动作的质量（如视频3-24所示）。

视频3-24 后蹬跑

练习目标：提升上下肢协调配合能力和下肢爆发力。

（八）跨步跳

上体正直或稍前倾，头部保持正直，目视前方，腹部微收，双肩放松。利用后侧腿（后脚）蹬地的力量，使身体向前上方跳起，在空中后侧腿放松，膝关节微屈；同时，前侧腿向前上方跨出，前侧腿的大腿尽量抬高至与地面平行，小腿自然下垂，脚尖自然勾起，然后前侧腿自然下落，在落地时，全脚掌着地，同时膝关节自然弯曲缓冲，左右腿交替进行。在整个过程中，呼吸要均匀、有节奏，避免憋气，手臂与腿部动作协调配合，当前侧腿向前上方跨步时，异侧手臂向前上方摆动，同侧手臂向后下方摆动。跨步跳要保持一定的节奏，每次起跳、跨步、落地的动作要连贯流畅，可以根据自己的训练目的和身体状况控制跳跃的速度、距离和高度（如视频3-25所示）。

视频3-25 跨步跳

练习目标：提升上下肢协调配合能力和下肢爆发力。

（九）跑栏架

选择适合高度的一组障碍栏架，调整合适的栏架间距，站在栏架后方，身体直立，头部保持正直，目视前下方，含胸收腹，两臂自然弯曲呈90度左右位于身体两侧，肩部放松。将一侧大腿快速上抬，小腿自然下垂，脚尖自然勾起，大腿迅速积极下压，前脚掌着地，快速跨过障碍栏架。两腿交替进行，形成连贯的过栏架动作。在整个过程中两臂与腿部动作协调配合摆动，当一侧腿高抬时，同侧的手臂向后摆动，另一侧手臂向前摆动，要尽量保持动作的连贯性和节奏感，避免出现停顿或动作过于缓慢的情况，保持呼吸均匀和顺畅，避免憋气（如视频3-26所示）。

视频3-26 跑栏架

练习目标：提升短跑技术、下肢爆发力和动作速度。

（十）原地送髋

选择合适高度的障碍栏架，站在栏架后方，调整好身体与栏架之间的间距，身体直立，双手抓住身体两侧或身后的固定物以稳定身体。以右腿为例，右腿上抬，右脚跨过栏架向前伸，同时右髋向前挺送，然后右腿原路返回。整个练习过程保证右侧髋、膝、踝沿前后方向伸缩，并且前伸速度快，还原速度慢，重复进行，右腿练完换左腿。可以根据自身的训练水平和体能状况控制练习腿的负荷重量（如视频3-27所示）。

视频3-27 原地送髋

练习目标：提升髋部和下肢肌肉力量。

（十一）跪姿挺髋送腿

双膝跪在垫子上，双手叉腰，腰背挺直，目视前方。以右腿为例，右侧大腿积极快速向前上方提拉，右膝向前上方顶出，右髋充分向前挺，右小腿折叠充分前伸，右脚跟先着地，然后右腿原路返回。整个练习过程保证右侧髋、膝、踝沿前后方向运动，并且前伸速度快，还原速度慢，重复进行，右腿练完换左腿（如图 3-20 和视频 3-28 所示）。

视频 3-28
跪姿挺髋送腿

图 3-20　跪姿挺髋送腿

练习目标：提升髋关节灵活性和下肢肌肉力量。

（十二）提踵勾脚尖

上体稍前倾，头部保持正直，目视前方，腹部微收，双臂自然伸直位于身体两侧。两脚脚后跟同时快速抬离地面，然后两脚脚后跟同时缓慢降落触地，接着两脚脚尖同时快速抬离地面，两脚脚尖再同时缓慢触地，重复进行。整个过程保证脚后跟抬起时快、下落时慢，脚尖抬起时快、下落时慢，控制好身体平衡。可以根据自身的训练水平和体能状况控制双手负荷的重量（如图 3-21 和视频 3-29 所示）。

练习目标：提升小腿和踝关节肌肉力量。

（十三）弓箭步跳

站立时双脚与肩同宽，挺胸抬头，腹部收紧。跳的时候，向前迈出一大步，前腿屈膝，使大腿与地面平行，小腿垂直于地面，膝关节不超过脚尖；后腿膝关节弯曲，接近但不接触地面。双臂自然摆动以帮助身体保持平衡，前腿发力跳起，在空中交换双腿位置，落地时后脚向前、前脚向后，重复动作。整个过程要保持动作连贯、有节奏感，并且注意缓冲，以减轻关节受到的冲击力（如图 3-22 和视频 3-30 所示）。

练习目标：提升上下肢协调配合能力、下肢力量和爆发力。

图 3-21 提踵勾脚尖

视频 3-29 提踵勾脚尖

图 3-22 弓箭步跳

视频 3-30 弓箭步跳

（十四）原地提拉摆动腿

站立式起跑为准备姿势，以左脚在前、右脚在后为例，右侧大腿快速向前上方提拉，两臂协调摆动，幅度要大，左脚原地不动，然后呈右腿在前、左腿在后的弓箭步姿势，重复练习（如图 3-23 和视频 3-31 所示）。

练习目标：提升短跑起跑技术。

（十五）加速跑

从站立式起跑开始，先快步频、小步幅加速，再逐渐加大步幅，重心逐渐升起，速度达到最大时，保持高重心、大步幅、快步频，保持身体稳定和良好的动作节奏向前跑出指定距离。

练习目标：提升短跑速度。

视频 3-31
原地提拉摆动腿

图 3-23 原地提拉摆动腿

（十六）重复跑

全力加速跑 50 米或 60 米，休息 2 分钟，再进行下一个全力加速跑。
练习目标：提升短跑速度。

（十七）变速跑

全力加速跑 50 米、60 米或 80 米，再对应慢跑 50 米、60 米或 80 米，以重复 4～6 次全力加速跑为一组。
练习目标：提升短跑速度。

视频 3-32
听信号跑

（十八）听信号跑

学生做原地碎步跑，手臂与腿协调配合，碎步的频率与发令者击掌的频率一致，学生集中注意力，当听到跑的口令后，快速向前跑出（如视频 3-32 所示）。
练习目标：提升短跑起跑反应速度。

（十九）负重深蹲跳

动作要领详见"立定跳远辅助练习方法（十五）"。

五、提高 50 米跑成绩的训练方案

（一）初级训练方案

掌握正确的 50 米跑站立式起跑和短跑基础技术动作是确保高效、安全训练的前提。本方案通过正确的短跑站立式起跑、途中跑摆臂及低等强度专项基础动作练习手段，让学生形成正确的短跑起跑动作、途中跑摆臂，提升身体协调性，增强下肢肌肉力量和爆发力，从而提高学生的 50 米跑成绩（如表 3-4 所示）。

表 3-4 50 米跑初级训练方案

动作名称	训练量	组 数	间 歇	动作节奏
原地摆臂	20 秒	4	60 秒	中速至快速
小步跑	10 米	2	60 秒	中速
高抬腿	10 米	2	60 秒	中速
后踢臀跑	10 米	2	60 秒	中速
左右转髋跳	30 秒	2	60 秒	中速
提踵勾脚尖	20 次	4	60 秒	中速
跑栏架	10 米	8	60 秒	中速
原地提拉摆动腿	10 次	1	30 秒	快速
听信号跑	6 次	1	30 秒	快速

学生可运用本方案每周练习 2~3 次，每次间隔时间为 2~3 天。练习 2~3 周后，如果学生已经基本适应了本方案的训练量，就可以根据自身情况直接实施下一阶段的训练方案，以获得更好的训练效果。

（二）中级训练方案

对于已经适应初级训练方案强度的学生，可以尝试实施中级训练方案。本方案增大了动作难度和训练强度，能够进一步强化短跑技术动作并加快动作速度，提升下肢爆发力，从而提升 50 米跑成绩（如表 3-5 所示）。

表 3-5 50 米跑中级训练方案

动作名称	训练量	组 数	间 歇	动作节奏
小步跑	10 米	2	60 秒	快速
交叉步跑	20 米	2	60 秒	快速
高抬腿	15 米	2	60 秒	快速
后蹬跑	20 米	2	60 秒	中速
跨步跳	20 米	2	60 秒	中速
跑栏架	10 米	8	60 秒	快速

续 表

动作名称	训练量	组 数	间 歇	动作节奏
跪姿挺髋送腿	10米	8	60秒	中速
加速跑	30米	2	60秒	快速
重复跑	50米	4	120秒	快速

学生可运用本方案每周练习2～3次,每次间隔时间为2～3天。练习2～3周后,如果学生已经基本适应了本方案的训练量,就可以根据自身情况加快动作速度或增加负荷量或直接实施下一阶段的训练方案,以获得更好的训练效果。

(三)高级训练方案

对于身体素质较好或已适应中级训练方案强度的学生,可以尝试实施高级训练方案。本方案练习的动作更加全面,动作难度和训练强度更高,对学生的身体素质要求也进一步提高(如表3-6所示)。

表3-6　50米跑高级训练方案

动作名称	训练量	组 数	间 歇	动作节奏
小步跑	10米	2	60秒	快速
高抬腿	15米	2	60秒	快速
后蹬跑	20米	2	60秒	快速
跨步跳	20米	2	60秒	中速
原地送髋	10次	2～4	60秒	中速
弓箭步跳	10次	2～4	60秒	中速
负重深蹲跳	10次	2～4	60秒	中速
加速跑	30米	2	60秒	快速
变速跑	50米	4	120秒	快速

学生可运用本方案每周练习2～3次,每次间隔时间为2～3天。练习2～3周后,如果学生已经基本适应了本方案的训练量,就可以根据自身情况自由搭配练习动作或提升负荷强度,以获得更好的训练效果,从而进一步提高50米跑的成绩。

第三节 耐力跑测试

大学生体质健康测试耐力项目包括女生 800 米跑和男生 1 000 米跑，耐力跑属于中距离跑，需要肌肉进行长时间、高强度的连续工作，它主要用于评价大学生的有氧工作能力、速度耐力和心肺耐力水平，反映大学生的呼吸系统和心血管系统功能。在跑的过程中，它一方面要求尽量减少能量消耗，维持一定的速度，另一方面要求具有加速跑的能力。所以，在跑的过程中，掌握正确的技术和合理分配体力是非常重要的。耐力跑要求跑得轻松、协调，重心移动平稳，直线性强，有良好的节奏，呼吸均匀；要尽量提高肌肉用力和放松交替的能力，既注重动作效率，又注重节省体力。

一、耐力跑测试方法

测试时，学生采用站立式起跑。听到"各就各位"的口令时，学生走到起跑线后，调整好起跑姿势后身体不再移动，听到起跑信号后立即向前出发，计时者在起跑信号发出后开始计时，待学生躯干任何部位（不包括头、颈、四肢）抵达终点线的垂直面时停止计时，所得时间为 800 米跑或 1 000 米跑的测试成绩，时间精确到 1 秒。起跑时学生不得踩线、抢跑；起跑出发后即可切换跑道，在确保安全且不影响其他学生的前提下，尽可能沿内侧跑道跑；要超越其他学生时，应从外侧跑道超越，超越后再回到内侧跑道。

二、耐力跑技术要领

耐力跑的完整技术主要包括起跑、起跑后的加速跑、途中跑、终点冲刺跑四个环节。

（一）起跑

耐力跑采用站立式起跑，当学生听到"各就各位"的口令时，轻松走到起跑线后，两脚前后站立，有力的腿在前，紧靠起跑线后沿。前脚跟与后脚尖距离约一脚长，两脚左右间隔约半脚，后脚用前脚掌支撑，两膝微屈，上体前倾，前脚的异侧手臂自然弯曲位于体前，前脚的同侧手臂自然后摆，颈部放松，眼睛看向前方 5～10 米的地面，保持身体稳定姿势，注意听起跑信号。听到起跑信号后，前脚用力蹬地，前腿充分蹬伸，后腿充分提拉，同时双臂积极、快速、用力前后摆动，使身体快速向前冲出，过渡到起跑后的加速跑阶段。

（二）起跑后的加速跑

加速跑时，两腿应迅速有力蹬伸和积极摆臂，尽量沿切线方向跑，在规则允许的范围内，抢占有利位置，在短时间内达到自身预定速度，然后进入途中跑。

（三）途中跑

耐力跑的途中跑技术与50米跑的途中跑技术要点相似（详见50米跑途中跑技术），但在耐力跑中，动作幅度应稍小一些，步幅应均匀，身体应轻快，形成良好的呼吸节奏，一般为"三步一呼，三步一吸"或"两步一呼，两步一吸"，同时在跑的过程中要保持嘴巴微张，用口、鼻同时呼吸，且以嘴巴吸气为主，应尽量采用匀速跑。

途中跑有一半以上的距离是在弯道上进行的，在经过弯道时，身体受到离心力的影响，躯干应向左稍倾斜，右臂的摆动幅度应比左臂稍大，右肩比左肩稍高。在摆动腿时，左膝稍外展，右膝稍内扣，左脚外侧着地用力稍大，右脚内侧着地用力稍大。

（四）终点冲刺跑

在耐力跑的最后150～200米进入冲刺跑阶段，学生应加大步幅及摆臂幅度，加快跑步速度，凭借坚强的意志力坚持跑过终点。

三、耐力跑常见错误

起跑：反应慢，手脚不协调，重心太靠后，注意力不集中。
途中：前半程速度过快，低头或抬头跑，摇头晃脑跑，躯干后仰，踢小腿跑，腾空太高，闭着嘴巴跑，未到终点就减速。

四、耐力跑辅助练习方法

（一）原地摆臂

动作要领详见"50米跑辅助练习方法（一）"。

（二）小步跑

动作要领详见"50米跑辅助练习方法（二）"。

（三）交叉步跑

动作要领详见"50米跑辅助练习方法（四）"。

（四）高抬腿

动作要领详见"50米跑辅助练习方法（五）"。

（五）后踢臀跑

动作要领详见"50米跑辅助练习方法（六）"。

（六）后蹬跑

动作要领详见"50米跑辅助练习方法（七）"。

（七）原地送髋

动作要领详见"50米跑辅助练习方法（十）"。

（八）弓箭步走

双脚开立，身体保持直立，眼睛注视前方，双手叉腰。左大腿向前上方抬高，左膝自然弯曲，左小腿垂直于地面，左脚后跟先着地，再逐渐过渡到全脚掌着地，左膝关节不要超过脚尖，左大腿下降至与地面平行。右膝自然弯曲贴近地面，右脚脚跟要抬起，用前脚掌着地，两腿交替进行。在走的过程中，重心要保持在两腿之间，通过前后腿的协调用力，稳定地向前移动；同时，身体微微前倾，保持头部和脊柱在一条直线上，避免弯腰或者过度低头。腹部要收紧，背部挺直（如图3-24和视频3-33所示）。

图 3-24　弓箭步走

视频 3-33
弓箭步走

练习目标：提升下肢肌肉力量和肌肉耐力。

（九）提踵勾脚尖

动作要领详见"50米跑辅助练习方法（十二）"。

（十）开合跳

双脚并拢，双手在身体两侧平举，掌心朝前。起跳时，双脚向外跳开，略宽于肩；同时，双手向上伸直在头顶，手臂伸直，掌心朝前。然后，双脚向内跳回并拢，双手也随之向下，恢复到起始位置。整个过程中，保持身体的挺直，头部正直向前，不要低头或者仰头；同时，用前脚掌着地缓冲，减少冲击力，以保证动作的连贯与节奏感（如图3-25和视频3-34所示）。

图3-25 开合跳

视频3-34 开合跳

练习目标：提升上下肢协调配合能力和下肢肌肉力量。

（十一）原地屈髋外旋

双脚开立，身体保持直立，眼睛注视前方，双手叉腰。左腿屈膝屈髋向前上方抬至大腿与地面平行后向左外展，然后左脚落地还原。全程保持躯干直立，核心收紧，右膝伸直。左腿完成后换右腿，两腿交替进行（如图3-26和视频3-35所示）。

练习目标：提升髋关节灵活性。

图 3-26　原地屈髋外旋

（十二）弹力带半蹲横向走

双脚开立与肩同宽，腰背挺直，眼睛注视前方，弹力带固定在膝关节上方，双手叉腰，屈膝屈髋。左侧臀部肌肉发力，左脚向左平移一小步，右脚向左平移相同的距离，保持双脚间距与肩同宽，完成规定的次数或距离，然后原路返回。在移动的过程中，要保持匀速且步幅适中，膝关节不要内扣，重心不要有起伏（如图 3-27 和视频 3-36 所示）。

视频 3-35
原地屈髋外旋

图 3-27　弹力带半蹲横向走

视频 3-36
弹力带半蹲横向走

练习目标：提升下肢肌肉力量和肌肉耐力。

（十三）匀速跑

在塑胶跑道或平整地面上进行慢速跑，保持全程匀速跑完预定距离或时间。

练习目标：提升有氧耐力能力。

（十四）间歇跑

间歇跑是指在严格控制间歇时间的情况下进行等距离或不等距离的反复跑练习。间歇跑可以有效提高学生的肌肉耐乳酸能力及心肺功能，是提高耐力跑成绩的重要训练手段。常采用的间歇跑有以下几种方式：

1. 等距离、等间歇时间

例如，400 米 × 4，每次跑完 400 米，间歇 5 分钟，总共跑 4 个 400 米。

2. 不等距离、等间歇时间

例如，"800 米 + 600 米 + 400 米 + 200 米"为一组，每段距离间间歇 3 分钟，跑 1 组。

3. 组合间歇训练

例如，（300 米 + 100 米）× 4，先跑 300 米，然后原地休息 1 分钟，再跑 100 米，接着休息 3 分钟，总共跑 4 组。

练习目标：提升速度耐力和耐乳酸跑能力。

（十五）变速跑

变速跑是快速跑和慢速跑交替组合的一种练习方法。变速跑的距离、强度、组数应根据自身训练水平、目的而定。可采用固定距离，如 100 米快 + 100 米慢、200 米快 + 200 米慢、400 米快 + 400 米慢、300 米快 + 100 米慢等方法进行。

练习目标：提升速度耐力和耐乳酸跑能力。

五、提高耐力跑成绩的训练方案

（一）初级训练方案

掌握正确的耐力跑摆臂和技术动作是确保高效、安全训练的前提。本方案通过正确的摆臂及低等强度专项基础动作练习手段，让学生形成正确的耐力跑摆臂动作、提升身体协调性、增强下肢肌肉力量和有氧耐力，从而提高学生的耐力跑成绩（如表 3-7 所示）。

表 3-7 耐力跑初级训练方案

动作名称	训练量	组数	间歇	动作节奏
原地摆臂	20 秒	4	60 秒	中速
小步跑	10 米	2	60 秒	中速

续　表

动作名称	训练量	组　数	间　歇	动作节奏
高抬腿	10 米	2	60 秒	中速
交叉步跑	20 米	2	60 秒	中速
后踢臀跑	10 米	2	60 秒	中速
提踵勾脚尖	20 次	4	60 秒	中速
开合跳	20 秒	2	60 秒	中速
匀速跑	8 分钟	1	60 秒	慢速

学生可运用本方案每周练习 2～3 次，每次间隔时间为 2～3 天。练习 2～3 周后，如果学生已经基本适应了本方案的训练量，就可以根据自身情况直接实施下一阶段的训练方案，以获得更好的训练效果。

（二）中级训练方案

对于已经适应初级训练方案强度的学生，可以尝试实施中级训练方案。本方案增大了动作难度和训练强度，能够进一步强化下肢肌肉力量和耐力，增强上下肢的协调配合能力，并提升肌肉耐乳酸能力及心肺功能，从而提高学生的耐力跑成绩（如表 3-8 所示）。

表 3-8　耐力跑中级训练方案

动作名称	训练量	组　数	间　歇	动作节奏
小步跑	10 米	2	60 秒	快速
高抬腿	15 米	2	60 秒	快速
交叉步跑	20 米	2	60 秒	快速
后踢臀跑	10 米	2	60 秒	快速
后蹬跑	20 米	2	60 秒	中速
原地屈髋外旋	10 次	2	60 秒	中速
弹力带半蹲横向走	10 米	2	60 秒	中速
间歇跑	400 米	2～4	5 分钟	中速

学生可运用本方案每周练习 2~3 次，每次间隔时间为 2~3 天。练习 2~3 周后，如果学生已经基本适应了本方案的训练量，就可以根据自身情况加快动作速度或直接实施下一阶段的训练方案，以获得更好的训练效果。

（三）高级训练方案

对于身体素质较好或已适应中级训练方案强度的学生，可以尝试实施高级训练方案。本方案练习的动作难度和训练强度更高，对学生的身体素质要求也进一步提高（如表 3-9 所示）。

表 3-9　耐力跑高级训练方案

动作名称	训练量	组　数	间　歇	动作节奏
小步跑	10 米	2	60 秒	快速
高抬腿	15 米	2	60 秒	快速
交叉步跑	20 米	2	60 秒	快速
后踢臀跑	15 米	2	60 秒	快速
后蹬跑	20 米	2	60 秒	快速
原地送髋	10 次	2~4	60 秒	中速
弓箭步走	20 米	2~4	60 秒	中速
变速跑	1 200 米	1	60 秒	中速

学生可运用本方案每周练习 2~3 次，每次间隔时间为 2~3 天。练习 2~3 周后，如果学生已经基本适应了本方案的训练量，就可以根据自身情况自由搭配练习动作或提升负荷强度，以获得更好的训练效果，从而进一步提高耐力跑的成绩。

第四节　1 分钟仰卧起坐测试

1 分钟仰卧起坐是大学女生体质健康测试的必测项目，主要是测试女生腰腹部肌肉力量和耐力，腰腹部肌肉位于人体核心区域，对人体的整体运动能力产生重大影响。1 分钟仰卧起坐测试成绩主要受腰腹部肌肉力量、速度、耐力水平的影响，需要学生在 1 分钟内高效调动腰腹部肌肉进行工作，尽可能多地完成正确动作，以获得较好的成绩。因此，加强学生腰腹部肌肉力量、耐力训练是提升 1 分钟仰卧起坐成绩的重要练习手段。

一、1分钟仰卧起坐测试方法

测试时，学生仰卧在测试垫子上，双手交叉贴于脑后，两腿稍分开，两膝弯曲大约90度，两脚平放在垫子上，另一名学生按压住学生脚踝来固定双脚。当听到开始信号后，学生利用腰腹部力量拉起上半身至双肘触及双膝，然后上半身还原落至双肩触及垫子，计为1次。当学生听到1分钟结束信号后，立即停止动作，此时完成的计数为1分钟仰卧起坐测试成绩。注意，在整个过程中，学生臀部不可离垫、肘部不可撑垫。

二、1分钟仰卧起坐常见错误

动作错误：双手未交叉抱头，臀部离开垫子，起身时双肘未触膝，回落时双肩未触垫子。回落时，腰腹部肌肉放松，腰椎砸在垫子上；起身时，双手用力拉头部。

腰腹部肌肉力量和耐力弱。

三、仰卧起坐辅助练习方法

（一）坐姿屈膝收腹

坐在垫子上，两手撑在身体后侧垫子上，两腿自然伸直，两脚并拢抬离地面。腹部肌肉发力，屈膝屈髋，双膝收向胸前，然后双腿前伸，双腿伸直，重复进行。在整个过程中，收腿快，伸腿慢，腹部收紧，保持身体稳定，脚不要触垫子（如图3-28和视频3-37所示）。

图3-28 坐姿屈膝收腹

视频3-37
坐姿屈膝收腹

练习目标：提升腹部肌肉力量和耐力。

（二）俄罗斯转体

坐在垫子上，双臂自然弯曲，双手交叉位于体前，双腿自然并拢，双膝微屈，双脚抬离地面。首先向右转体，双手轻触右侧地面，然后向左转体，双手轻触左侧地面，重复进行。在整个过程中，腹部收紧，保持身体稳定，脚不要触垫子（如图3-29和视频3-38所示）。

视频3-38
俄罗斯转体

图3-29　俄罗斯转体

练习目标：提升腹部肌肉力量和耐力。

（三）仰卧手触同侧脚

仰卧在垫子上，两腿稍分开，两膝弯曲大约90度，两脚平放在垫子上，双手自然伸直位于身体两侧。腹部肌肉收紧发力，身体微微抬离地面并向左侧弯曲，同时左手逐渐前移去触摸左脚，然后还原，接着身体微微抬离地面并向右侧弯曲，同时右手逐渐前移去触摸右脚，再还原，重复进行。在整个过程中，保持腹部肌肉始终处于收紧状态，控制好身体平衡（如图3-30和视频3-39所示）。

视频3-39
仰卧手触同侧脚

图3-30　仰卧手触同侧脚

练习目标：提升腹部肌肉力量和耐力。

（四）仰卧起身击掌

仰卧在垫子上，两臂外展伸直位于身体两侧，双脚抬离地面，双腿并拢，屈膝屈髋。腹部肌肉收紧发力，身体抬离地面，胸部靠近双膝，同时双手进行胯下击掌，然后动作还原，重复进行。在整个过程中，躯干上起时快、下落时慢，下落时腹部肌肉继续保持收紧状态，控制好身体平衡（如图3-31和视频3-40所示）。

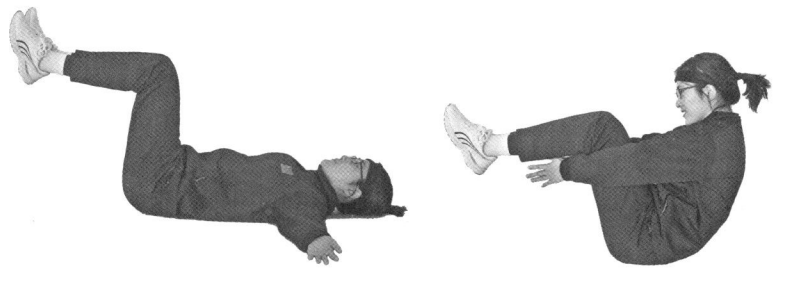

图3-31　仰卧起身击掌

视频3-40
仰卧起身击掌

练习目标：提升腹部肌肉力量和耐力。

（五）仰卧手摸膝

仰卧在垫子上，两腿稍分开，两膝弯曲大约90度，两脚平放在垫子上，双手自然伸直放在大腿前侧。腹部肌肉收紧发力，身体抬离地面，同时双手逐渐前移去触摸膝关节，然后动作还原，重复进行。在整个过程中，腹部肌肉始终处于收紧状态，控制好身体平衡（如图3-32和视频3-41所示）。

图3-32　仰卧手摸膝

视频3-41
仰卧手摸膝

练习目标：提升腹部肌肉力量和耐力。

（六）俯卧交替提膝

从俯卧撑准备姿势开始，两脚分开，身体成一条直线。右脚离地，右腿屈膝屈髋向前收至右膝贴近右臂，稍做停顿后右腿还原，同时左腿向前收，重复进行。在整个过程中，腰部收紧，保持躯干稳定（如图3-33和视频33-42所示）。

视频3-42
俯卧交替提膝

图3-33 俯卧交替提膝

练习目标：提升腰腹部肌肉力量和耐力。

（七）仰卧直腿上抬

身体平躺在垫子上，双腿伸直并拢，双臂伸直位于身体两侧，掌心向下。双腿同时向上抬起，膝关节自然伸直，直至大腿垂直于地面，然后缓慢还原，一个仰卧举腿动作完成，重复进行。在整个过程中，头部、躯干和两臂不得离开垫子（如图3-34和视频3-43所示）。

视频3-43
仰卧直腿上抬

图3-34 仰卧直腿上抬

练习目标：提升腹部肌肉力量和耐力。

（八）站姿胯下击掌

自然站立，挺胸收腹，躯干直立，双手侧平举。左腿抬起并屈膝屈髋，同时双臂伸直，双手完成在左胯下方击掌，然后左脚着地，双臂同时上举成侧平举，换右腿，重复进行。在整个过程中，躯干直立，腰部收紧，脚落地时前脚掌先于脚后跟着地（如图3-35和视频3-44所示）。

图 3-35 站姿胯下击掌

视频 3-44 站姿胯下击掌

练习目标：提升腰腹部肌肉力量、肌肉耐力和心肺功能。

（九）抬腿肘触异侧膝

自然站立，挺胸收腹，躯干直立，双臂弯曲上抬于肩两侧。左腿向前抬起并屈膝屈髋，同时躯干向左转，右肘碰触左膝，然后左脚着地，躯干、双臂还原，换右脚，重复进行。在整个过程中，躯干直立，腰部收紧，脚落地时前脚掌先于脚后跟着地（如图3-36和视频3-45所示）。

视频3-45
抬腿肘触异侧膝

图3-36　抬腿肘触异侧膝

练习目标：提升腰腹部肌肉力量、肌肉耐力和心肺功能。

（十）侧提膝

自然站立，挺胸收腹，腰背挺直，双臂上抬，双手贴近两耳。左腿屈膝向左侧抬起至大腿与地面平行，左脚落地的同时换右腿向右侧上抬，重复进行。在整个过程中，躯干直立，腰背挺直，脚落地时前脚掌先于脚后跟着地（如图3-37和视频3-46所示）。

练习目标：提升腰腹部肌肉力量、肌肉耐力和心肺功能。

（十一）左右提膝下压

首先，左膝向右前方提起，同时双肘向左膝做下压动作，重复两次；然后，换右膝向左前方提起，同时双肘向右膝做下压动作，重复两次。反复进行（如图3-38和视频3-47所示）。

练习目标：提升腰腹部肌肉力量、肌肉耐力和心肺功能。

第三章 体质健康测试项目

图 3-37 侧提膝

视频 3-46
侧提膝

图 3-38 左右提膝下压

视频 3-47
左右提膝下压

（十二）波比跳

保持站姿，双脚开立。首先，双腿屈膝屈髋下蹲，双手撑地，同时向后伸膝伸髋，双脚撑地，身体呈俯卧撑准备姿势；然后，双腿屈膝屈髋，双脚前收撑地；接着，双脚蹬地向上跳起，同时双手在头顶上方击掌。还原至起始状态，重复进行（如图3-39和视频3-48所示）。

图 3-39　波比跳

视频 3-48
波比跳

练习目标：提升腰腹部肌肉力量、肌肉耐力和心肺功能。

（十三）平板支撑上推

成平板支撑准备姿势，两脚分开与肩同宽，身体成一条直线。右前臂抬离地面，右肘伸直，右手撑地；稍做停顿后，左前臂抬离地面，左肘伸直，左手撑地；稍做停顿后，左手抬离地面，左肘弯曲，左前臂撑地；稍做停顿后，右手抬离地面，右肘弯曲，右前臂撑地。重复进行。在整个过程中，腰腹部收紧，保持身体稳定（如图3-40和视频3-49所示）。

练习目标：提升腰腹部肌肉力量和肌肉耐力。

图 3-40　平板支撑上推

视频 3-49
平板支撑上推

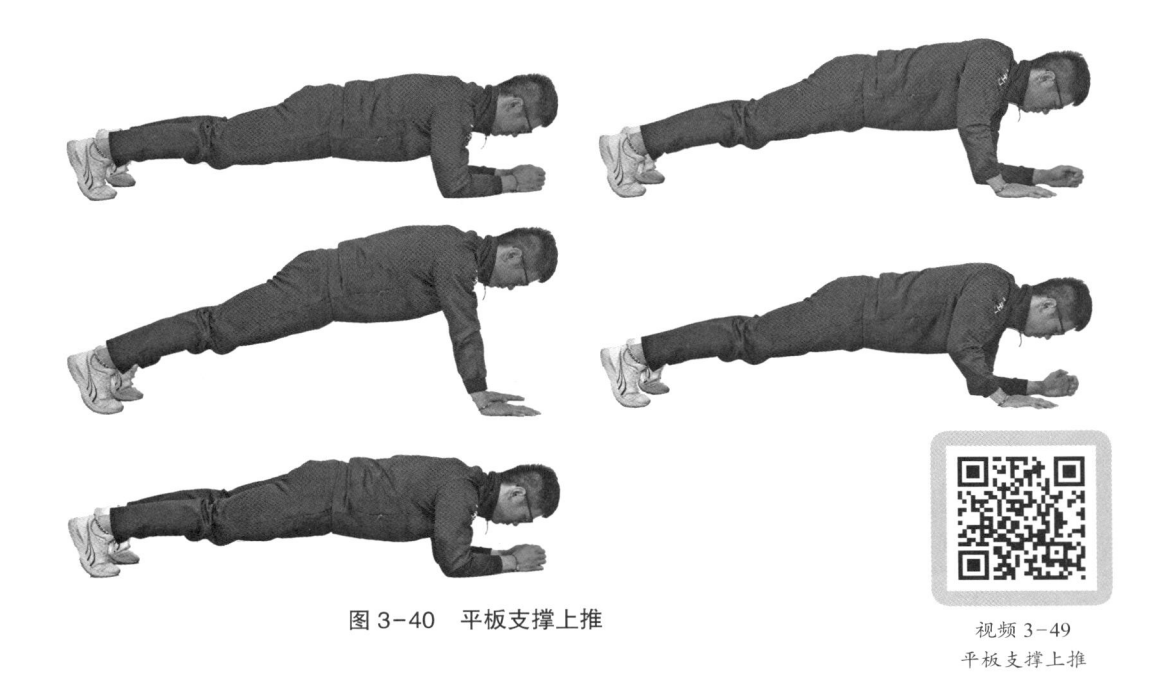

四、提高 1 分钟仰卧起坐成绩的训练方案

（一）初级训练方案

掌握正确的动作是确保有效、安全训练的前提。本方案通过相应的专门性动作练习，可以提升腰腹部肌肉力量、速度和耐力，也可以提高躯干伸肌的柔韧性，从而提升 1 分钟仰卧起坐测试成绩（如表 3-10 所示）。

表 3-10　1 分钟仰卧起坐初级训练方案

动作名称	训练量	组　数	间　歇	动作节奏
俄罗斯转体	15 秒	1	30 秒	中速
坐姿屈膝收腹	15 秒	1	30 秒	中速
仰卧手触同侧脚	15 秒	1	30 秒	中速
仰卧起身击掌	15 秒	1	30 秒	中速
仰卧手摸膝	15 秒	1	30 秒	中速
左右提膝下压	15 秒	1	30 秒	中速
侧提膝	15 秒	1	30 秒	中速
站姿胯下击掌	15 秒	1	30 秒	中速

学生可运用本方案每周练习 2~3 次，每次间隔时间为 2~3 天。练习 2~3 周后，如果学生已经基本适应了本方案的训练量，就可以根据自身情况直接实施下一阶段的训练方案，以获得更好的训练效果。

（二）中级训练方案

在初级训练方案的基础上，中级训练方案增加了动作难度和负荷强度，对于已经适应初级训练方案强度的学生，可以尝试实施本方案。中级训练方案可以进一步提升腰腹部肌肉力量、速度和耐力，同时更好地提高躯干伸肌柔韧性，从而提升 1 分钟仰卧起坐测试成绩（如表 3-11 所示）。

表 3-11　1 分钟仰卧起坐中级训练方案

动作名称	训练量	组数	间歇	动作节奏
俄罗斯转体	20 秒	1	30 秒	中速
坐姿屈膝收腹	20 秒	1	30 秒	中速
仰卧起身击掌	20 秒	1	30 秒	中速
仰卧直腿上抬	20 秒	1	30 秒	中速
平板支撑上推	20 秒	1	30 秒	中速
俯卧交替提膝	20 秒	1	30 秒	中速
抬腿肘触异侧膝	20 秒	1	30 秒	中速
站姿胯下击掌	20 秒	1	30 秒	中速

学生可运用本方案每周练习 2~3 次，每次间隔时间为 2~3 天。练习 2~3 周后，如果学生已经基本适应本方案的训练量，就可以根据自身情况加快动作速度或直接实施下一阶段的训练方案，以获得更好的训练效果。

（三）高级训练方案

对于身体素质较好或已适应中级训练方案强度的学生，可以尝试实施高级训练方案。本方案练习的动作难度和训练强度更高，对学生的身体素质要求也进一步提高（如表 3-12 所示）。

表 3-12　1 分钟仰卧起坐高级训练方案

动作名称	训练量	组数	间歇	动作节奏
俄罗斯转体	20 秒	1	30 秒	快速
坐姿屈膝收腹	20 秒	1	30 秒	快速

续　表

动作名称	训练量	组　数	间　歇	动作节奏
仰卧起身击掌	20 秒	1	30 秒	快速
仰卧直腿上抬	20 秒	1	30 秒	快速
俯卧交替提膝	20 秒	1	30 秒	快速
抬腿肘触异侧膝	20 秒	1	30 秒	快速
站姿胯下击掌	20 秒	1	30 秒	快速
波比跳	20 秒	1	30 秒	快速

学生可运用本方案每周练习2～3次，每次间隔时间为2～3天。练习2～3周后，如果学生已经基本适应了本方案的训练量，就可以根据自身情况自由搭配练习动作或提升负荷强度，以获得更好的训练效果，从而进一步提高1分钟仰卧起坐的成绩。

第五节　引体向上测试

引体向上是大学男生体质健康测试的必测项目，主要是评价男生手臂、肩部和背部的肌肉力量和肌肉耐力。手臂、肩部和背部的肌肉力量越强，完成引体向上动作就越容易；同时，这些部位肌肉耐力越好，完成引体向上的次数就越多。引体向上是一项需要克服自身体重做功的运动，通常情况下，学生体重越大，需要克服的阻力就越大，完成这一动作的难度也就越高；学生的体重越小，需要克服的阻力就越小，完成这一动作也就越容易。因此，学生要想在引体向上测试中取得优异成绩，除了手臂、肩部和背部肌肉力量以及肌肉耐力较强外，还需要学生有良好的体形。

一、引体向上测试方法

测试时，学生站在单杠下方，向上跳起，两手掌心向前正握单杠，两手间距略宽于肩，成直臂悬垂姿势，待身体完全静止后，两臂屈肘将身体向上拉起至下颌超过单杠上沿，然后将身体下降至双臂伸直状态，计为完成引体向上1次，重复以上动作。超过10秒未成功完成下一次动作则测试结束，此时的计数为引体向上测试成绩。

二、引体向上常见错误

动作错误：跳起握杠时顺势做引体向上，上拉时下颌未超过单杠上沿，下降时手臂未伸直，晃动身体借力上拉。

手臂、肩部、背部肌肉力量和肌肉耐力弱。

三、引体向上辅助练习方法

（一）直臂悬垂

站在单杠正下方。双脚向上跳起，掌心向前正手握杠，双手间距略大于肩宽，双臂伸直，身体成一条直线，肩胛骨收紧并下沉，身体不要晃动，保持该姿势至预定时间（如图3-41和视频3-50所示）。

视频3-50
直臂悬垂

图3-41　直臂悬垂

练习目标：提升手臂、肩、背部、核心肌肉力量和耐力。

（二）斜身引体向上

站在固定横杆的后方，正手握杠，双手间距略大于肩宽，双臂伸直且身体从头到脚成一条直线，脚跟着地，肩胛骨收紧并下沉，将身体拉向单杠，使胸部贴近单杠，然后身体缓慢下降还原，重复进行。在整个过程中，保持身体从头到脚成一条直线（如

图 3-42 和视频 3-51 所示）。

练习目标：提升手臂、肩、背部肌肉力量。

（三）弹力带双臂弯举

两脚左右开立，将弹力带踩在脚下固定，双手抓住弹力带两端，双臂位于身体两侧，手臂伸直，掌心朝前，躯干直立，保持弹力带有一定的张力。大臂紧贴身体两侧固定，以肘关节为轴，小臂弯曲用力向前上方拉弹力带至双手靠近肩，然后双臂缓慢下降还原，重复进行。在整个过程中，核心收紧，躯干不要晃动（如图 3-43 和视频 3-52 所示）。

视频 3-51
斜身引体向上

图 3-42　斜身引体向上

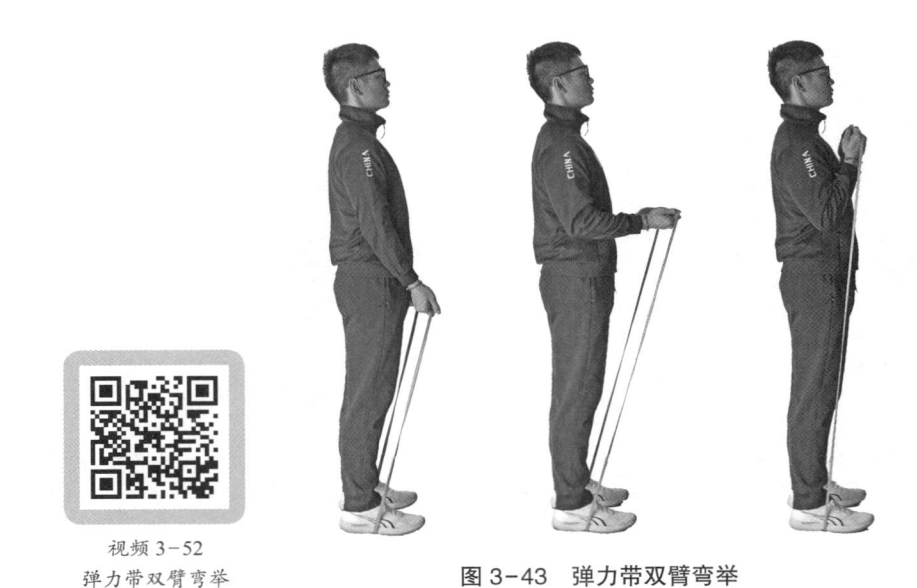

视频 3-52
弹力带双臂弯举

图 3-43　弹力带双臂弯举

练习目标：提升手臂肌肉力量和肌肉耐力。

（四）弹力带俯卧后拉

俯卧在垫子上，双腿自然伸直，双脚抬离地面，双臂伸直位于头部前方，双手握住弹力带抬离地面，保持弹力带有一定的张力。抬头挺胸，双手屈臂发力将弹力带拉至胸前，然后双臂缓慢前伸还原，重复进行。在整个过程中，核心收紧，躯干不要晃动（如图 3-44 和视频 3-53 所示）。

视频 3-53
弹力带俯卧后拉

图 3-44　弹力带俯卧后拉

练习目标：提升肩、背部、腰部肌肉力量和肌肉耐力。

（五）俯卧蛙泳划臂

俯卧在垫子上，双腿自然伸直，双脚抬离地面，双臂伸直位于头部前方，双手半握拳，掌心向下，双臂抬离地面。抬头挺胸，双臂直臂向外向后伸至身体两侧，然后双臂缓慢还原，重复进行。在整个过程中，核心收紧，躯干不要晃动（如图 3-45 和视频 3-54 所示）。

图 3-45　俯卧蛙泳划臂

视频 3-54
俯卧蛙泳划臂

练习目标：提升肩、背部、腰部肌肉力量和肌肉耐力。

（六）弹力带俯身后拉

两脚左右开立，将弹力带踩在脚下固定，双手抓住弹力带两端，双臂位于身体两侧，掌心相对，屈膝屈髋，躯干前倾，保持弹力带有一定的张力。双臂用力向后上方拉弹力带至双臂与肩齐高，然后双臂缓慢下降还原，重复进行。在整个过程中，核心收紧，躯干不要晃动（如图 3-46 和视频 3-55 所示）。

图 3-46　弹力带俯身后拉

视频 3-55
弹力带俯身后拉

练习目标：提升手臂、肩肌肉力量和肌肉耐力。

（七）弹力带俯身前拉

两脚左右开立，将弹力带踩在脚下固定，双手抓住弹力带两端，双臂位于身体两侧，掌心相对，屈膝屈髋，躯干前倾，保持弹力带有一定的张力。双臂用力向前上方拉弹力带至双臂与肩齐高，然后双臂缓慢下降还原，重复进行。在整个过程中，核心收紧，躯干不要晃动（如图3-47和视频3-56所示）。

视频3-56 弹力带俯身前拉

图3-47 弹力带俯身前拉

练习目标：提升手臂、肩肌肉力量和肌肉耐力。

（八）弹力带直臂侧平举

两脚左右开立，将弹力带踩在脚下固定，双手抓住弹力带两端，双臂位于身体两侧，手臂自然伸直，保持弹力带有一定的张力。双臂用力向侧上方拉弹力带至双臂成侧平举，然后双臂缓慢下降还原，重复进行。在整个过程中，核心收紧，躯干不要晃动（如图3-48和视频3-57所示）。

练习目标：提升手臂、肩肌肉力量和肌肉耐力。

（九）弹力带高位斜角下拉

将弹力带一端固定在单杠上，成站立姿势，两脚左右开立，双手握住弹力带两端，双臂向斜上方伸直，身体稍后仰，保持弹力带有一定的张力。双臂向斜下方用力拉弹力带至双手贴近胸前，然后缓慢还原，重复进行。在整个过程中，核心收紧，躯干不要晃动（如图3-49和视频3-58所示）。

练习目标：提升手臂、肩、背部肌肉力量和肌肉耐力。

第三章　体质健康测试项目

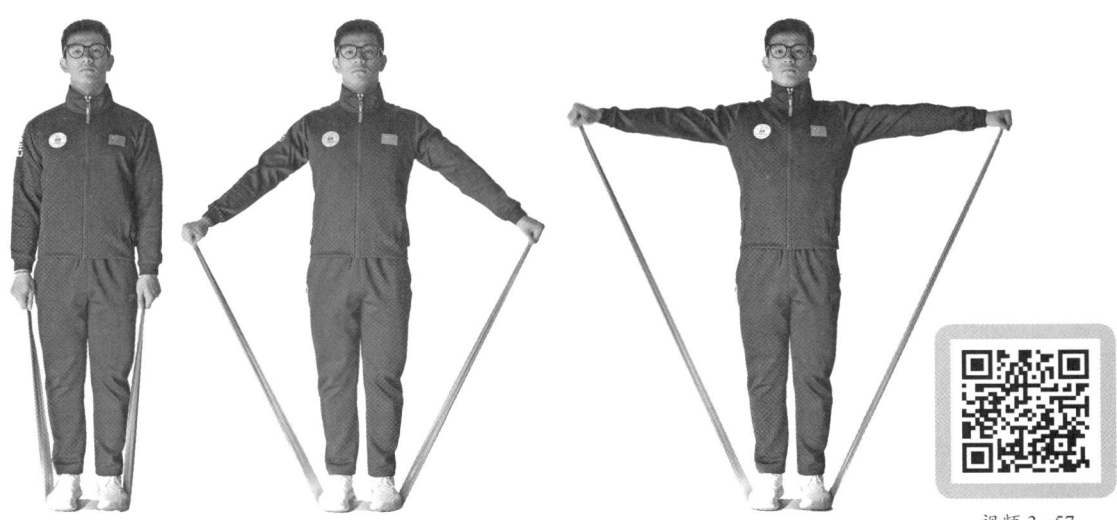

图 3-48　弹力带直臂侧平举

视频 3-57
弹力带直臂侧平举

视频 3-58
弹力带高位斜角
下拉

图 3-49　弹力带高位斜角下拉

089

（十）反握半程引体向上

双手分开，掌心向后反手握杠，双臂距离略大于肩宽，将身体拉至大臂与地面平行，保持身体稳定静止。将身体向上拉至下颌超过单杠上沿，然后身体缓慢下降还原，重复进行（如图 3-50 和视频 3-59 所示）。

视频 3-59
反握半程引体向上

图 3-50 反握半程引体向上

练习目标：提升手臂、肩、背部肌肉力量和肌肉耐力。

（十一）弹力带辅助引体向上

将弹力带一端固定在单杠上，双脚踩住弹力带另一端，双手分开，掌心朝前正手握杠，双手间距略大于肩宽，保持身体稳定静止。将身体向上拉至下颌超过单杠上沿，然后身体缓慢下降还原，重复进行（如图 3-51 和视频 3-60 所示）。

视频 3-60
弹力带辅助引体
向上

图 3-51 弹力带辅助引体向上

练习目标：提升手臂、肩、背部肌肉力量和肌肉耐力。

（十二）坐姿高位下拉

调整合适座位高度及负荷重量，双手宽距正握横杆，双腿固定，抬头挺胸沉肩，躯干稍微后仰。肩胛骨收紧，双手用力向后下方拉横杆，然后缓慢还原，重复进行。在整个过程中，核心收紧，躯干不要晃动。下拉时，肘关节稍向后下方顶出（如图 3-52 和视频 3-61 所示）。

练习目标：提升手臂、肩、背部肌肉力量和肌肉耐力。

视频 3-61
坐姿高位下拉

图 3-52 坐姿高位下拉

四、提高引体向上成绩的训练方案

（一）初级训练方案

掌握正确的动作是确保有效、安全训练的前提。本方案通过相应的专门性动作练习，可以强化背部、肩部、手臂肌肉力量和肌肉耐力，还可以提高核心力量和稳定性，从而有效提升引体向上测试成绩（如表3-13所示）。

表 3-13 引体向上初级训练方案

动作名称	训练量	组 数	间 歇	动作节奏
坐姿高位下拉	10次	2	90秒	有控制、慢速
斜身引体向上	10次	2	90秒	有控制、慢速
弹力带俯身前拉	10次	2	60秒	有控制、慢速
弹力带直臂侧平举	10次	2	60秒	有控制、慢速
弹力带双臂弯举	10次	2	60秒	有控制、慢速
直臂悬垂	力竭	2	60秒	静态保持

学生可运用本方案每周练习2～3次，每次间隔时间为2～3天。练习2～3周后，如果学生已经基本适应本方案的训练量，就可以根据自身情况直接实施下一阶段的训练方案，以获得更好的训练效果。

（二）中级训练方案

在初级训练方案的基础上，中级训练方案增加了动作难度和负荷强度，对于已经适应初级训练方案强度的学生，可以尝试实施本方案。中级训练方案可以进一步强化背部、肩部、手臂肌肉力量和肌肉耐力，提高核心力量和稳定性，提升引体向上测试成绩（如表3-14所示）。

表3-14　引体向上中级训练方案

动作名称	训练量	组数	间歇	动作节奏
反握半程引体向上	10次	2～4	90秒	有控制、慢速
坐姿高位下拉	10次	2～4	90秒	有控制、慢速
弹力带俯身后拉	10次	2	60秒	有控制、慢速
弹力带高位斜角下拉	10次	2	60秒	有控制、慢速
弹力带俯卧后拉	10次	2	60秒	有控制、慢速
直臂悬垂	力竭	2	60秒	静态保持

学生可运用本方案每周练习2～3次，每次间隔时间为2～3天。练习2～3周后，如果学生已经基本适应本方案的训练量，就可以根据自身情况增加练习次数或直接实施下一阶段的训练方案，以获得更好的训练效果。

（三）高级训练方案

对于身体素质较好或已适应中级训练方案强度的学生，可以尝试实施高级训练方案。本方案练习的动作难度和训练强度更高，对学生的身体素质要求也进一步提高（如表3-15所示）。

表3-15　引体向上高级训练方案

动作名称	训练量	组数	间歇	动作节奏
弹力带辅助引体向上	10次	2～4	90秒	有控制、慢速
反握半程引体向上	10次	2～4	90秒	有控制、慢速
坐姿高位下拉	10次	2～4	90秒	有控制、慢速
俯卧蛙泳划臂	10次	2	60秒	有控制、慢速

续表

动作名称	训练量	组 数	间 歇	动作节奏
弹力带直臂侧平举	15次	2	60秒	有控制、慢速
弹力带俯卧后拉	15次	2	60秒	有控制、慢速

学生可运用本方案每周练习2～3次，每次间隔时间为2～3天。练习2～3周后，如果学生已经基本适应本方案的训练量，就可以根据自身情况自由搭配练习动作或提升负荷强度，以获得更好的训练效果，从而进一步提高引体向上的成绩。

第四章
锻炼常见问题与答疑

第一节　运动锻炼注意事项

一、体质健康测试注意事项

（一）体测前

1. 测试前一周作息要规律，不熬夜或者过度劳累，保持充足的睡眠。测试前一周争取每天 23 点前上床休息，保持良好的体力，以免测试时过早出现疲劳。

2. 体测前的饮食要遵循"高质量、低热量"的原则，多摄入牛肉、鸡胸肉、鸡蛋、豆浆等蛋白质含量高的食物，少摄入奶茶、蛋糕等高热量的食物。

3. 避免在短时间内通过节食等方法极速减重，以免导致身体虚弱，进而影响身体健康及测试成绩。

4. 提前 2～4 周进行适应性训练，以提高自身的身体素质。

（二）体测当天

1. 测试前一餐不要吃得过饱，八九成饱就行，但千万不能不吃，以易消化高热量食物为主，如面包、鸡蛋、蛋糕等（测试时间较晚的，学生可以带些面包、蛋糕等以备充饥）。

2. 测试前 30～40 分钟可以喝 200 毫升左右的水，运动前 30 分钟内不要吃任何食物，更不要吃巧克力、糖果等高糖食物。

3. 测试前不要大量喝水，但可以在测试前象征性地喝一口水，以湿润喉咙、放松心情。

4. 测试学生必须穿着适宜运动的服装，在测试时身上不要带任何与考试无关的东西（项链、手链、耳钉等），衣服上的徽章和口袋里的钥匙、手机、校园卡等物品要取出，轻装上阵。

5. 最好穿着轻质、薄底、宽纹的运动鞋，一定要系好鞋带，袜子应选纯棉的运动袜，一是充分吸收汗液，二是能使脚掌与鞋子紧密结合，以便发力。

6. 学生可以准备一条小毛巾，方便出汗时擦汗。

7. 容易低血糖的学生可以准备一些糖果、巧克力、香蕉等食物，在跑完步后及时补充能量。

8. 测试前要做好充分的准备活动，以便发挥出更好的水平，同时避免受伤。

（三）体测后

1. 体测后不要立即坐下休息，应适当慢跑或慢走，等呼吸和心跳基本正常后再休息，并进行肌肉拉伸、揉捏等恢复性训练，以有效减轻肌肉酸痛。

2. 体测后适量补充水分和电解质，可以饮用一些淡盐水或运动饮料来补充流失的水分和电解质，避免立即大量饮用冷饮或吃冰冻食品，以免引起身体不适。

3. 体测后容易出汗，应及时擦干汗水，穿上外套，注意保暖，避免着凉感冒。

二、运动与补水

（一）运动前补水

在运动前 1~2 个小时，可以饮用 200~300 毫升的水或运动饮料，这样可以帮助身体在运动前储存足够的水分。

（二）运动中补水

在运动过程中，要定时、适量地补充水分。建议每 15~20 分钟补充 150~250 毫升的水。如果运动强度大、时间长（超过 1 小时），则可以选择补充含电解质的运动饮料来补充流失的钠、钾等电解质。

（三）运动后补水

运动后补水要遵循少量多次的原则。可以先喝一小口（50~100 毫升）润润嗓子，稍做休息后再开始补充。随后每次饮用 100~200 毫升，每 15~20 分钟喝一次。如果运动时间长、强度大，则还可以饮用适量的运动饮料来补充因出汗而流失的成分，帮助身体更快恢复。

注意，补水要及时、适量，不要等到口渴了才喝水，也不要一次性喝太多水，不然可能增加胃肠道的负担，出现恶心、呕吐等不适症状。

三、运动后不能马上大量补水的原因

运动后不能马上大量补水主要有以下两点原因：

（一）增加肠胃负担

运动时，血液主要供应于肌肉等运动系统，肠胃的血液供应相对减少，消化功能处于较弱状态。运动后马上大量喝水，会使胃肠黏膜受到突然的刺激，导致肠胃的负担加重，容易引起肠胃不适，比如出现恶心、呕吐、腹痛等症状。

（二）造成水中毒

运动后身体会大量出汗，汗液带走了很多盐分，此时大量饮水而没有补充盐分，会导致血液中的电解质浓度被稀释。水分就会通过细胞膜进入细胞内，使细胞水肿，进而引发水中毒，可能出现头晕、眼花、口渴、虚弱、心跳加快等症状，严重的甚至危及生命。

四、运动后不能立即洗澡的原因

运动后不能立即洗澡，主要是因为运动时我们的身体会发生一系列变化，具体来说有以下几点：

（一）血糖降低

运动会消耗大量能量，可能导致血糖降低。如果此时立即洗澡，就会进一步加速体内热量的代谢和蒸发，可能导致血糖进一步下降，产生低血糖反应，严重者甚至会出现低血糖昏迷。

（二）容易受寒

运动出汗后，毛孔处于张开状态，如果立即洗澡，尤其是洗凉水澡，则寒气可能侵入人体，从而引发感冒、风湿性关节炎等疾病。

（三）心脑血管负压增加

运动后，人体的心率会很快，血压也会略上升，立即洗澡可能会使心脑血管的负压增加，导致心脏和脑血管疾病的出现和加重。

（四）影响血液循环

运动后立即洗澡会使血液流向皮肤表面，导致流向肌肉的血液减少，影响运动中肌肉产生的乳酸的代谢，延长肌肉的疲劳感。不仅如此，水温过高或过低都容易导致血管急剧扩张或收缩，引发头晕、乏力等不适症状。

（五）免疫力下降

运动后，人体的免疫系统处于相对脆弱的状态，此时洗澡容易使疾病乘虚而入。
因此，运动后最好先休息一段时间，让身体恢复到正常状态再洗澡。一般来说，运动后半小时左右是洗澡的最佳时刻。

五、跑完 800 米或 1 000 米不能直接蹲或坐甚至躺的原因

跑完 800 米或 1 000 米不能直接蹲或坐甚至躺，主要是因为跑步时我们的身体机能

处于活跃状态，血液循环加快，大部分血液集中在四肢和肌肉。如果马上蹲下、坐下或躺下，血液会在下肢聚集，就会导致回心血量减少，从而引起大脑供血不足，容易使人出现头晕、恶心、呕吐、眼前发黑的症状，严重的可能晕倒。这种突然的姿势改变也会让心脏的负担加重，不利于身体从运动状态恢复到正常状态。

从中医的养生观念来看，运动后的身体处于一种"开放"的状态，这时如果采取不当的休息方式，就容易导致气血运行不畅，从而引发不适。正确的做法是慢慢走一走，让身体有一个缓冲适应的过程。

六、节食减肥不可取的原因

（一）节食减肥可能造成营养不足以及多种疾病

通过节食减肥，除了脂肪减少外，其他营养成分如蛋白质、电解质、维生素等也会吸收不足，进而引起肌肉萎缩、抵抗力下降、内分泌紊乱、新陈代谢紊乱等，从而引起多种疾病。

（二）节食减肥会引起精神状态不佳

节食减肥会造成自身供能不足，会引起疲倦、注意力无法集中，严重时会影响学习、生活能力。

（三）节食减肥容易造成反弹

节食减肥使人长时间处于饥饿状态，能量摄入不足，会使自身对能量需求更高，并且节食后基础代谢率下降，可能导致报复性暴饮暴食，从而造成反弹。

因此，不建议通过节食来减肥，而是应该采用科学运动与合理摄入食物相结合的方式来减肥。

七、增肌比减肥难的原因

（一）增肌需要更多的热量和蛋白质摄入

增肌过程中，身体需要更多的能量和蛋白质来支持肌肉的生长和修复。这意味着需要增加饮食摄入量，特别是高蛋白质食物，如肉类、奶制品和豆类等。而减肥主要是消耗热量，让身体处于热量缺口状态，即消耗大于摄入，身体就会开始消耗脂肪来供能。

（二）增肌需要更长的训练时间和更高的训练强度

为了刺激肌肉生长，需要进行更高强度的力量训练，并且需要更长的训练时间，这需要更多的耐心和毅力，以及更多的时间和精力投入锻炼。

（三）增肌需要更多的休息和恢复时间

增肌过程中，肌肉需要时间来恢复和修复。这意味着需要更多的休息和睡眠时间，以便身体适应和应对更高强度的训练。

相比之下，减肥相对简单，可以通过控制饮食和增加运动量来实现。但是，减肥过程中也需要注意保持健康的饮食习惯和适当的运动方式，以避免对身体造成不良影响。

八、运动中岔气的原因

（一）呼吸方式不当

运动时呼吸频率太快、太浅，或者在运动过程中憋气，使得肋间肌、膈肌等呼吸肌痉挛，引发岔气。比如，跑步时呼吸没有节奏，一会儿快，一会儿慢，就容易出现这种情况。

（二）运动前准备活动不充分

如果没有进行适当的热身，肌肉和内脏器官还没适应运动状态，突然开始剧烈运动，如快速奔跑或用力跳跃，就会引起身体机能的不协调，导致呼吸肌痉挛，出现岔气。

（三）运动时身体姿势不正确

弯腰驼背或者身体过度扭转等不良姿势会给腹部肌肉和内脏器官带来额外的压力，影响呼吸肌的正常工作，从而引发岔气，如在跑步时身体过度摇晃或者做仰卧起坐时姿势不标准。

（四）个人体质较弱

平时缺乏锻炼，身体弹性、伸展性、力量性较差，也容易导致岔气。

（五）环境因素

运动环境不佳，如气温过高过低、湿度太高、场地太硬等不利因素也可能引起岔气。

九、运动前饮食的注意事项

（一）避免吃不消化、易产气的食物

避免吃不消化的食物，如炸鸡、肥肉、薯条等，以免对胃肠道造成刺激，引起腹

痛、恶心、呕吐等不适症状；同时应避免吃易产气的食物，如豆制品、红薯、马铃薯等，以免在运动过程中胃肠道蠕动加快，产生大量气体，引起肠胀气的情况。

（二）应在运动前1～2个小时进食

进食后，食物在胃肠道内还未消化，如果立即进行运动可能导致胃肠道平滑肌出现痉挛性收缩，从而引起疼痛症状。此外，进食后，胃内储存大量食物，如果此时立即运动，则会导致胃韧带松弛，引起胃下垂。

（三）可适当吃些富含蛋白质和维生素的食物

富含蛋白质和维生素的食物，如西红柿、橙子、牛肉、胡萝卜等，对身体健康有较多好处。

以上只是一些建议，具体的饮食安排应根据个人体质和运动量来确定。

十、运动后饮食的注意事项

（一）把握好进食时间

避免立即进食，因为立即进食可能导致胃肠道不适，如恶心、呕吐等，一般建议在运动后30分钟到2小时内进食，这样有利于营养吸收，太早或太晚进食都可能影响身体恢复和能量补充。

（二）注意营养搭配

应适当增加碳水化合物的摄入，如全麦面包、燕麦片等，以快速补充糖原，帮助身体恢复能量；同时，要摄入优质蛋白质，如鸡蛋、牛奶、鸡胸肉等，以有助于修复和增加肌肉。

（三）注意补充电解质

运动后会大量出汗，导致钠、钾等电解质流失，可以通过饮用运动饮料或吃一些富含电解质的食物，如香蕉来补充。不过，要避免高油、高盐、高糖的食物，如炸鸡、薯片等，这些食物可能加重肠胃负担，且不利于保持运动效果。

十一、一般耐力不错，但是800米/1 000米跑不快的原因

一般耐力不错，但800米/1 000米跑不快，说明速度耐力水平不高，需要着重练习800米/1 000米跑的速度耐力。

（一）间歇训练

进行短距离间歇跑，如 400 米快跑 +200 米慢跑，重复多组。快跑阶段要以接近或超过 800 米 /1 000 米跑的速度进行，这样可以提高身体在高强度运动和恢复之间转换的能力，提升速度耐力。

（二）变速跑训练

可以在塑胶跑道上，直道快速跑，弯道慢跑，通过不断变化速度来模拟比赛中速度的波动，让身体适应这种节奏以增强耐力。或者设定距离变速，如前 200 米中速跑、中间 600 米快速跑、最后 200 米冲刺跑，反复进行训练。

（三）重复跑训练

以 800 米 /1 000 米为一个单元，用比赛速度或者稍快的速度进行重复跑，每次跑完后充分休息，再开始下一次。这样能提高对 800 米 /1 000 米跑的速度把控能力和耐力。

（四）增加力量训练

进行腿部力量训练，像深蹲跳、弓箭步跳等，能够增强腿部肌肉力量，使每一步的蹬地更有力，从而提升跑步速度和耐力。核心力量训练也很重要，如平板支撑、仰卧腿部提升等动作，可以稳定身体躯干，帮助在跑步过程中保持良好的姿势和平衡，更有利于发挥速度耐力。

十二、立定跳远发不上力的原因

（一）预摆动作不标准

预摆不到位会影响肌肉的拉伸与收缩，难以积攒足够的力量。例如，预摆时没有充分地前后摆动双臂和屈伸膝关节，就不能很好地利用肌肉弹性势能来助力起跳。

（二）腿部力量不足

立定跳远很考验腿部肌肉力量，若股四头肌、小腿三头肌力量不够，蹬地时就无法产生强大的爆发力，致使跳远距离受影响。

（三）起跳角度不对

合适的起跳角度可以让力量更好地发挥作用，如果起跳角度过小，水平方向力量占比过大，向上的力量不足，就跳不远；反之，角度过大，向上力量虽有但水平向前的动力缺失，也跳不远。

（四）协调性差

立定跳远需要身体各部分配合，手臂摆动、腿部蹬地、腰腹用力等环节如果不协调，力量就会分散，从而不能有效地集中起来用于跳远。

十三、50米跑起跑慢的原因

（一）起跑姿势不正确

注意双脚前后开立，有力腿在前，前脚全脚掌和后脚前脚掌着地，屈膝、屈髋、躯干前倾，身体重心主要由前侧腿支撑，异侧手臂朝前，同侧下垂。起跑时第一步步幅不能太大，要在加快步频的基础上逐渐增大步幅，起跑后不能突然或过快抬起上体，应该低头看前下方2～3米处地面，随着加速度的提高过渡到看4～5米，逐渐抬高重心。

（二）反应速度慢

在听到起跑信号后，大脑需要快速反应并指挥身体做出动作。如果反应不够灵敏，就会比别人慢半拍。这可能是因为精神不够集中或者没有经过足够的起跑反应训练。

（三）腿部力量薄弱

起跑瞬间需要腿部肌肉爆发强大的力量来推动身体向前。如果腿部的股四头肌、臀大肌等力量不足，蹬地产生的动力就小，加速自然就慢。

（四）没有掌握好发力顺序

合理的发力顺序是从腿部蹬地开始，同时配合手臂的摆动来带动身体重心向前移动。如果发力顺序混乱，力量就不能有效地传递，从而导致起跑速度慢。

十四、做仰卧起坐会脖子痛的原因

在做仰卧起坐时，双手需交叉贴于头部后侧，但双手并不对颈部施加压力，也不应对头部施加压力。然而，有部分学生在做仰卧起坐时，由于腹部力量弱，在起身向上时，会双手用力向前，从而使头、颈部受力，导致颈部肌肉和韧带损伤，形成疼痛感。如果过度用力引起肌肉拉伤，则当天可以使用冷敷的方式来缓解疼痛感。当受到冷刺激时会减少局部的血液循环和渗出，防止出现肿胀。如果是做完仰卧起坐的第二天仍然有脖子疼痛感，就可能是大量的乳酸在脖子处堆积所引起的，可通过按摩、拉伸、揉捏的方式促进乳酸的代谢，缓解肌肉酸痛。

十五、做仰卧起坐会腰痛的原因

（一）姿势不正确

比如在做动作时，腰部没有贴紧垫子，使得腰椎过度弯曲或扭曲，这样会对腰椎周围的肌肉、韧带等组织造成过度牵拉或挤压，从而引发疼痛。

（二）腰部肌肉力量不足

仰卧起坐需要腰部肌肉来稳定身体和协助完成动作，如果腰部肌肉比较薄弱，长时间或过量的仰卧起坐就会导致肌肉疲劳，产生乳酸堆积，进而引起酸痛。

（三）动作幅度过大

过度后仰或者过度前屈身体，在动作过程中腰部承受的压力会急剧增加，这也容易导致腰部疼痛。

十六、体重较大的学生提高引体向上成绩的方法

（一）减轻体重

可以通过调整饮食结构，减少高热量、高脂肪、高糖食物的摄入，增加蔬菜、水果、优质蛋白质的摄入，同时结合快走、慢跑、骑自行车等这类低冲击力的有氧运动来逐步降低体重，减轻身体负担。

（二）加强辅助练习

使用辅助器材，如利用弹力带来降低负荷重量，弹力带磅数可以根据自身力量情况而定，随着力量的增强，逐渐降低弹力带磅数，最终实现独立完成引体向上。也可以找伙伴帮忙，让对方在自己做引体向上时适当托举身体，减轻部分体重，帮助自己熟悉动作和发力方式。

（三）锻炼相关肌肉力量

增加上肢力量训练：可以进行哑铃臂弯举、肩部上推哑铃等方式来增强手臂和肩部肌肉力量。

背部力量训练：可以进行俯身哑铃划船、固定器械（弹力带）高位下拉等方式增强背部肌肉力量。

这些训练可以增强手臂和背部力量，为引体向上打基础。

第二节　运动生理学知识

一、内脏器官的生理惰性

内脏器官的生理惰性是指人体内脏器官的生理机能逐步提高的过程。人体在运动时，内脏器官必须协调配合肌肉的收缩活动和机体代谢的需要，才能有利于发挥机体的运动能力。例如，运动时肌肉收缩活动的加强使机体所需要的氧气和能量供应加大、体内要清除的代谢物增多，只有内脏器官功能水平的提高才能满足运动机体代谢的需要。但是内脏器官受植物性神经的支配，而肌肉活动则受躯体运动性神经的调节，内脏器官的生理惰性远比运动器官大，主要原因有：（1）与躯体运动神经相比，支配内脏器官的植物性神经传导兴奋的速度较慢；（2）兴奋传导途径中突触联系较多，需要的时间较长；（3）躯体运动器官的活动主要受神经调节，而内脏器官在产生持续性活动中，神经-体液调节的作用更为重要，即由神经系统调节内分泌腺的活动，后者释放的激素随血液循环到达所支配的器官从而改变其功能状态，这一调节过程比单纯的神经调节作用慢得多。

因此，在体育运动的开始阶段，内脏器官的动员及其机能水平的提高远远落后于运动器官。内脏器官的生理惰性是其进入工作状态滞后的主要原因。研究表明，在不做准备活动的情况下跑1 000米，呼吸和循环系统的机能需要在运动开始后1.5～2分钟才能达到最高水平，而骨骼肌在20～30秒内就可以发挥出最大的工作效率。

二、生理极点

在进行持续时间较长的剧烈运动的过程中，由于运动开始阶段内脏器官的功能不能满足运动器官的需要，因此运动者常常产生一些非常难受的生理反应，如呼吸困难、胸闷、头晕、肌肉酸软无力、动作迟缓不协调、精神低落甚至产生停止运动的念头等，这种现象称为极点。

极点现象多出现于中长跑等强度较大、持续时间较长的运动项目中。极点出现的早晚、生理反应程度的强弱以及消失的快慢，与运动强度、运动项目、训练水平、赛前状态以及准备活动等因素有关。一般情况下，运动强度越大，训练水平越低，极点出现得越早，反应越明显，消失得也越慢。良好的机能状态及充分的准备活动可以预先动员内脏器官的活动，从而推迟极点的出现，减弱极点的反应程度。为了减轻极点的反应，极点出现时，应采取适当降低运动强度、继续坚持运动、调整呼吸节奏、加深呼气深度等措施。

极点是运动过程中人体暂时性的机能紊乱，其主要原因是内脏器官的活动跟不上肌肉活动的需要，出现体内氧气供应不足、大量代谢物（如乳酸）在体内堆积、血液pH值下降、内环境发生改变等现象。这不仅影响了神经肌肉的兴奋性，而且反射性地引起呼吸和循环系统的活动紊乱；同时，机能失调的强烈刺激传入大脑皮层，使运动动力定型暂时遭到破坏，运动中枢抑制过程占优势。因此，极点出现时，人往往表现出动作迟缓、不协调、精神低落等症状。

三、第二次呼吸

极点出现后，运动者依靠意志力和调整运动节奏继续坚持运动，不久，一些不良的生理反应便会逐渐减轻或消失，此时呼吸变得均匀自如，心率趋于稳定，动作变得轻松有力，能以较好的机能状态继续运动下去，这种状态称为"第二次呼吸"。

第二次呼吸是运动中机体建立新平衡的一种表现，产生的原因是运动中内脏器官惰性逐步得到克服，氧供应增加，乳酸得到逐步清除；同时，极点出现时，运动强度暂时性下降，使机体需氧量下降，乳酸产生减少，内环境得到改善，动力定型得到恢复。第二次呼吸的出现标志着运动者机能水平进入一个相对稳定的状态。

四、运动性疲劳及其判断方法

（一）运动性疲劳的含义

运动性疲劳是指由于运动过度而引发的身体工作能力下降的现象，是人体运动到达一定阶段时出现的一种正常生理现象。这种由运动本身引起的机体工作能力的暂时性下降，经过适当的休息和调整可以完全恢复。适度的运动性疲劳通过实施合理的恢复手段能够及时消除，并能促进机能的恢复和提高。运动者运动水平的提高就是一个"疲劳→恢复→再疲劳→再恢复"的变化过程。如果机体经常处于疲劳状态而不能得到恢复，就会产生过度疲劳。过度的运动性疲劳会对机体产生不良影响，引起各种机能障碍或运动损伤，甚至损害运动者的身体健康。

（二）判断运动性疲劳的方式

正确地认识和判断运动性疲劳是实施科学体育锻炼、促进疲劳消除以及提高运动表现的基础，具有重要意义。日常可通过以下方式来判断运动性疲劳：

1. 测定基础心率

测定基础心率是评定运动性疲劳的简易指标之一。基础心率是指清晨、清醒、起床前静息状态下的心率。一般情况下，基础心率保持相对稳定。如果大运动量训练后，经过一昼夜的恢复，基础心率较平时增加 5～10 次 / 分钟以上，则可认为疲劳尚未恢复，即有疲劳积累现象；如果连续几天持续增加，则表明运动量过大，疲劳较深，应调整运动量。

2. 运动中观察

在日常运动中，如果运动者出现烦躁不安、面色苍白、无精打采、反应迟钝、协调性降低、注意力不集中和运动能力下降等现象，即有运动量过大、身体出现疲劳的情况。运动者应予以重视，及时调整运动量。

3. 主观感觉

运动者对运动的主观感觉也可以作为判断运动性疲劳及其程度的依据。运动者对运动的主观感觉通常用身体疲乏的程度来反应，可分为稍累、累、很累、精疲力尽几个等级。在运动者感到很累或精疲力尽的情况下，如果继续运动，必然导致运动强度下降、技术动作变形，甚至产生受伤的风险。

五、常用的抗阻力量练习方式

抗阻练习是发展肌肉力量的基本手段。根据肌肉的工作形式不同，常见的抗阻练习方式有三种：

（一）等长收缩练习

等长收缩练习又称静力性练习，指肌肉对抗阻力收缩时长度不变的力量练习方法。这种练习要求神经细胞在较长时间内持续兴奋，有利于提高神经细胞的兴奋性和稳定性。由于肌肉持续收缩压迫血管，因此，影响静脉回流和肌肉的血液供应，有利于提高肌肉的无氧代谢能力。肌肉在做等长收缩时能承受较大的阻力负荷，是发展最大肌肉力量的常用方法。

（二）向心收缩练习

向心收缩练习是指肌肉收缩时长度缩短的力量练习方法。该方法的优点是神经肌肉的兴奋与抑制交替进行，可在力量增长的同时提高神经肌肉的协调性，肌肉工作形式可与运动专项一致。由于"关节角度效应"的存在，因此虽然外在负荷重量不变，但是在练习中肌肉张力将随关节角度的变化而改变。

（三）离心收缩练习

离心收缩练习是指肌肉收缩产生张力的同时长度被拉长的力量练习方法。离心收缩产生的最大离心张力大于最大向心张力，因此，离心收缩练习比向心收缩练习对肌肉的刺激更大。在其他要素相同的前提下，离心收缩练习更有利于发展肌肉力量和横截面积。但是，离心收缩练习更容易引起急性肌肉疼痛和延迟性肌肉酸痛。

六、运动中的能量供应

（一）肌肉活动的直接能源物质

三磷酸腺苷（ATP）是机体内唯一能够直接提供能量的物质。糖、脂肪和蛋白质中所含的能量不能直接提供给肌肉活动，必须先转移到ATP中，然后由ATP直接提供能量给肌肉活动。肌肉收缩时所消耗的能量来源于ATP的水解反应，所以ATP是肌肉收缩的直接能源物质。但是肌细胞内的ATP储存量很少，如果只依靠肌细胞内的ATP提供肌肉收缩的能量，则只能维持1～2秒的时间。为了提供肌肉持续收缩时的能量，肌细胞内的ATP在不断被消耗的同时，肌细胞需要不断合成新的ATP。

（二）三大供能系统

合成ATP的过程其实是其水解反应的逆反应。一个二磷酸腺苷（ADP）分子在有足够能量的前提下才能与一个磷酸分子合成一个分子的ATP。人体内能够提供ATP合成的能量途径有三种：

1. ATP-CP系统（磷酸原系统）

CP是磷酸肌酸的英文缩写，人体95%的CP储存在肌细胞内。机体利用CP分解所释放的能量合成ATP的过程称为"ATP-CP系统"，又称为"磷酸原系统"。细胞中ATP被消耗引起数量减少的同时，细胞内的肌酸激酶开始催化CP的分解，利用ADP快速合成ATP。

利用CP分解所释放的能量合成ATP的速度非常快，但是持续的时间很短，只有7～10秒。ATP-CP系统是合成ATP速度最快的供能系统，如50米跑、立定跳远等项目主要依靠ATP-CP系统供能。

2. 糖酵解系统（乳酸能系统）

机体利用肌糖原或葡萄糖酵解所释放的能量合成ATP的过程称为"糖酵解系统"，又称为"乳酸能系统"。

糖酵解首先动用的是肌糖原，当肌糖原储备量下降时，肌细胞可利用血液中的葡萄糖作为糖酵解的原料。糖酵解的产物是乳酸，乳酸在体内具有较强的酸性，当体内分解缓冲乳酸的能力跟不上乳酸的产生速度时，将引起肌肉和血液中酸性的增强，抑制糖酵解，导致肌肉的收缩能力下降。以肌糖原为原料的糖酵解，每个葡萄糖分子可以生成3个分子的ATP；以葡萄糖为原料的糖酵解，每个葡萄糖分子可以生成2个分子的ATP。

糖酵解系统合成ATP的速度大概是ATP-CP系统的一半，但是机体能给糖酵解系统持续供能1～3分钟，如400米跑、100米游泳等是典型的主要依靠糖酵解系统供能的运动项目。

3. 有氧氧化系统（氧化能系统）

机体利用糖、脂肪和蛋白质氧化分解所释放的能量合成ATP的过程称为"有氧氧化系统"，又称为"氧化能系统"。线粒体是实现氧化分解反应的场所，所以肌细胞内线粒体的数量、体积以及氧化酶的活性等将直接影响该细胞的氧化分解能力。

依靠有氧氧化途径合成ATP的速度比较慢，但是持续时间比较长，一般持续时间在3分钟以上的运动项目主要依靠糖和脂肪的有氧氧化合成肌肉收缩所需要的ATP。一般情况下，蛋白质不进行氧化分解提供肌肉活动所需要的能量，在超过30分钟的激烈运动中，蛋白质才氧化分解释放能量合成ATP，但是其提供的能量一般不超过运动总耗能的18%。

（三）不同运动项目的能量供应

运动时肌肉需要消耗能量，ATP是肌肉的直接能源物质。合成ATP的途径有三条：ATP-CP系统、糖酵解系统、有氧氧化系统。运动时，三条途径都参与供能，但是在进行不同项目运动时主要依靠哪一条或哪几条途径给肌肉收缩提供所需要的能量，完全取决于运动的强度和时间。虽然ATP-CP系统、糖酵解系统和有氧氧化系统都能合成ATP，但是它们在单位时间内产生的ATP数目（合成ATP的速度）是不同的。按照生成ATP的速度从大到小进行排序：ATP-CP系统、糖酵解系统、有氧氧化系统，且以近50%的速度依次递减。运动时，运动强度越大，单位时间内消耗的能量越多。因此，极限或最大强度运动时的供能主要依靠ATP-CP系统，次最大强度运动时的供能主要依靠糖酵解系统，中小强度运动时的供能主要依靠有氧氧化系统。值得注意的是，在运动的开始阶段或肌肉进行长时间的静力性收缩时，由于肌肉内供氧不足，因此有可能在运动强度不大的情况下，肌肉却利用糖酵解系统来供能。当今时代，竞技体育水平在不断提高，即使在长跑这样以有氧氧化供能占主导地位的运动项目中，无氧糖酵解供能的比例也在不断增加。

七、氧亏

在运动过程中，当机体能够摄取的氧量不能满足实际需要的氧量时，就会造成体内氧的亏欠，称为"氧亏"。在进行高强度且持续时间短的剧烈运动时，即使氧的运输系统功能已经达到最高水平，摄氧量也不能满足需氧量而出现氧亏。运动强度越大，每分钟的需氧量就越大，出现的氧亏就越多。在进行低强度的有氧运动的开始阶段，由于内脏器官的生理惰性大，骨骼肌收缩所需要的能量主要是由磷酸原和糖酵解系统供能，因此机体摄氧量水平尽管增加，但是仍不能满足机体的需氧量，仍存在氧亏。

八、运动技能的形成

运动技能的形成是一个由简单到复杂的过程，实质是在大脑皮层上建立暂时性神经联系的过程，并有建立、形成、巩固和发展的阶段性变化的生理规律。每一个阶段因动作的复杂程度不同而有所区别。一般来说，形成运动技能的过程可划分为泛化阶段、分化阶段和巩固阶段这相互联系的三个阶段。在运动技能形成以后，通过不断的反复练习，还可以发展到更高的层次，形成动作自动化。

（一）泛化阶段

学习任何一个新动作的初期，运动者对动作只能获得一种感性认识，对运动技能的内在规律并不完全理解。由于接受的是一些新异刺激，因此引起大脑细胞强烈兴奋，且兴奋呈现扩散状态，出现泛化现象。练习动作时表现出动作僵硬、不协调，出现多余的动作，而且做动作很费力。在此阶段，练习者应更多注意练习动作的主要环节，不应过多强调动作细节。

（二）分化阶段

在不断的练习过程中，练习者对该动作技能的内在规律有了初步的理解，一些不协调和多余的动作也逐渐消除。此时，大脑皮层运动中枢的兴奋和抑制过程逐渐集中，运动动力定型初步建立。练习者大部分的错误动作得到纠正，并能比较顺利、连贯地完成整套动作。在此阶段，练习者应特别注意错误动作的纠正，更多体会动作细节。

（三）巩固阶段

通过进一步的练习，大脑皮层的兴奋和抑制过程在时间和空间上更加集中和精确。运动动力定型建立并得到巩固。此时，练习者能准确、熟练地完成整套动作，练习动作时也感到轻松自如。在此阶段，练习者应不断提高练习质量，使动作逐步达到自动化程度。

形成运动技能的三个阶段是相互联系的，各阶段之间并没有明显的界限。身体素质好、训练水平高的学生在学习新动作时，泛化过程很短，对动作的精细分化能力强，形成运动技能快。运动新手在学习新动作时，泛化过程较长，分化能力弱，掌握动作较慢。此外，运动技能的形成还与动作的复杂程度有关，动作越复杂，泛化过程就越明显，分化的难度也就越大，形成运动技能所需要的时间就越长。

九、运动心脏的特点

运动心脏是指机体长期接受系统运动刺激后逐渐形成的具有明显结构功能特征的心

脏。与一般心脏相比，运动心脏表现出特有的结构功能特点。

（一）运动性心脏肥大

长期系统的运动训练使运动员心脏发生明显的增大，称为"运动性心脏肥大"，以耐力性运动员和力量性运动员尤其明显，速度性运动员心脏肥大程度较小。

运动性心脏肥大表现在心腔的扩大和心肌肥厚两个方面。长期进行耐力性练习刺激的心脏肥大以心室腔内径扩大为主，心室肌的肥厚为辅；长期进行力量性练习刺激的心脏则以心肌肥厚为主，其心腔内径的改变相对较小甚至无改变。

运动性心腔扩大主要是由于经常性的长时间耐力运动刺激使静脉回心血量增加，逐渐引起心肌纤维肌小节数量和长度增加，导致心腔由功能性扩大转化为器质性扩大。由于运动强度不是很大，其运动后负荷增加较小，心肌收缩阻力增加也较小，因此心肌的肥厚程度相对较小。

运动性心肌肥厚主要是机体在克服高阻力负荷时，肌肉收缩紧张性高，运动性憋气等因素使心脏收缩时的后负荷增加，引起每搏输出量减少，机体只能通过加强心肌的收缩力来保证心脏的供血，心肌代谢水平的提高使消耗增多，运动后合成代谢特别是心肌收缩蛋白的合成更加旺盛。长期的训练结果导致心肌细胞增粗。运动性心肌肥厚是心肌细胞对运动刺激的一种良好适应性反应，是一种功能性代偿，与临床上冠心病、心脏病等常出现的病理性心脏肥大明显不同。前者心肌收缩功能增强，泵血效率显著提高，每搏输出量增大，且终止运动后一段时间，肥大的心脏逐步恢复到正常状态，具有可塑性。后者心肌收缩功能减弱，每搏输出量较少，心余血量增加，肥大一经出现就不可逆转。

（二）运动性心动徐缓

具备运动心脏者普遍出现安静心率明显低于正常值的现象，称为"运动性心动徐缓"。这种情况在优秀的耐力性运动员中尤其明显，心率常降到40～50次/分钟，最低甚至为21次/分钟。导致运动性心动徐缓的原因是长期的运动训练使机体逐渐适应高心率的刺激，同样强度的运动刺激，其心率增加幅度减小。当机体处于安静状态时，交感神经对心迷走神经的抑制作用减弱，导致安静状态下植物性神经系统功能平衡点向副交感神经方面移动，使心率降低。

运动心脏安静时虽然心率较低，但是由于心脏肥大而表现出较大的每搏输出量，因此安静状态下的心输出量与普通心脏无明显差异，但是因其较低的心率，表现出安静状态下心脏功能出现心率低、每搏输出量节省化现象。

（三）心脏泵血功能改善

运动心脏与普通心脏相比，主要从以下几个方面表现出心脏泵血功能的改善：

在安静状态下，两类心脏的供血量并无显著区别，但普通心脏以较高的心率和较小的每搏输出量来保证机体供血，而运动心脏则以较低的心率和较大的每搏输出量来保证机体供血，以较小的能量消耗保证了同样的供血量。此外，在安静状态下，低心率使运动心脏的心率储备增大，有助于心力储备的提高。

在以规定的强度和时间完成定量负荷运动时，运动心脏较普通心脏泵血功能变化幅度小，主要是因为运动员运动能力强，完成同样的运动更轻松，从而表现出较小的生理反应。在完成最大运动负荷时，运动员为取得更好的成绩，其代谢水平更高，心脏泵血功能表现出更高水平。普通人心脏体积较小，运动时最大每搏输出量较小，且维持最大值的时间短。

十、运动后出现延迟性肌肉酸痛的原因

无论是普通人还是优秀运动员，从事不适应的运动负荷和大负荷运动，运动停止后24～72个小时，肌肉都会产生不同程度的酸痛，并伴随僵硬、肿胀和肌力下降等症状。肌肉酸痛不发生在运动期间或运动后即刻，而是在运动后24个小时内逐渐加剧，因而称之为"延迟性肌肉酸痛"。延迟性肌肉酸痛一般持续1～4天，5～7天后症状消失。现普遍认为，延迟性肌肉酸痛是不适应的运动方式尤其是离心收缩式运动诱发的一种亚临床疼痛症状，一般不用经过临床治疗可自行治愈。在运动后，如果给予肌肉适当的拉伸、按摩、理疗等处理，延迟性肌肉酸痛的症状就会减轻，持续时间也会缩短。肌肉酸痛可直接影响运动者的运动表现，还可能引发运动损伤。

十一、运动员血液的特征与生理意义

运动员血液是指经过良好训练的运动员，由于运动训练使血液的性状发生了一系列适应性变化，如纤维蛋白溶解作用增强、血容量增加、红细胞变形能力增强、血黏度下降等。这种变化在运动训练停止后是可以恢复的，具有这种特征的血液称为"运动员血液"。

（一）运动员血液的特征

1. 纤维蛋白溶解作用增强

经常性运动训练能中等程度地增加纤维蛋白溶解作用，有助于抗血栓的形成。

2. 血容量增加

这包括血浆容量和红细胞容量的增加，但是由于血浆容量增加相对于红细胞容量增加更显著，因此形成红细胞压积减少和单位容积中的红细胞数和血红蛋白含量减少，血液相对稀释变薄。

3. 红细胞变形能力增强

经过系统训练的运动员安静时红细胞变形能力增强，这是因为运动加快了对衰老红细胞的淘汰，以更年轻的红细胞代替，降低了红细胞膜的刚性，增加了红细胞膜的弹性，从而增强了红细胞的变形能力，改善了血液的流变性。

4. 血黏度下降

经常进行耐力练习，使血液相对稀释，引起血黏度下降。血黏度下降改善了血液的流变特性，使静脉血栓的发生率明显降低，有利于血液流向各器官及肌肉，改善微循环，增强血液携带氧的能力和运输营养物质的能力，加快了对代谢物的排出。

（二）运动员血液的生理意义

第一，血容量增加有利于增大运动时的心输出量，对于提高总体的运动能力尤其是有氧耐力意义重大。

第二，血黏度下降，血容量增加，这些因素有利于减少血流阻力、加快血流速度，加快了营养物质、激素等的运输以及代谢物的排出，也有利于调节体温和大强度运动时散热，使有足够多的血液流到皮肤。

第三，降低因运动时血浆水分转移、丢失而造成的血液过分浓缩的程度。

十二、重力性休克

人体长久站立不动，下肢静脉容纳血量增加，导致回心血量减少，心输出量减少，动脉血压降低，引起脑部缺氧而发生头晕甚至晕厥，称为"重力性休克"。尤其是在夏天高温环境中，皮肤血管舒张，血管中容纳的血量增多，如果人体长时间站立不动，就容易引起头晕和休克。

十三、运动心率反映运动强度

运动心率或脉搏可以作为评定运动强度的生理负荷指标。对于大学生来说，心率185次/分钟（或190次/分钟）～最大心率（220－年龄＝最大心率）的运动强度为极限强度，170～185次/分钟（或189次/分钟）为亚极限强度，150～169次/分钟为大强度，120～149次/分钟为中等强度，低于119次/分钟为小强度。

十四、运动时的合理呼吸

运动时进行合理的呼吸有利于保持机体内环境的基本稳定，有利于提高锻炼效果和运动表现。高效、合理的呼吸方法为该项运动中重要的组成部分，以下是几种改善呼吸方法的原则：

（一）减小呼吸道阻力

在进行剧烈运动时，为减小呼吸道阻力，常采用以口代鼻或口鼻共用的呼吸方式。其作用有：(1)增加肺部通气量。(2)减少呼吸肌为克服阻力而增加的额外能量消耗，推迟疲劳的出现。(3)增加散热途径。但是要注意的是，在冬天进行户外运动（如跑步），张口不宜过大，尽可能使吸入的空气经口腔加温后再通过气管传到肺部。

（二）提高肺通气效率

在进行剧烈运动（尤其是耐力运动）时，我们期望在吸气时能吸入含更多氧气的新鲜空气，呼气时能呼出含更多二氧化碳的代谢气体。通常，提高肺通气效率，常采用节制呼吸频率、适当增加呼吸深度的方法。例如，在跑步时，因体内过多的负氧而出现极点现象，为有效克服或缓解极点，提高氧气的摄入量，应有意识地保持有节奏的深吸气和深呼气。

（三）呼吸节奏与技术动作相配合

通常在周期性的运动项目中，采用富有节奏的混合型呼吸将会使运动更加轻松、协调，从而有更好的运动表现。例如周期性的跑步运动，中长跑常采用 2～4 个单步一吸气、2～4 个单步一呼气的方法进行呼吸；短跑常采用憋气与断续性急促呼吸相结合，即每憋气 2～12 个单步（或更多）后做一次 1 秒钟以内完成的急骤深呼吸。

（四）合理运用憋气

或深或浅的吸气后，紧闭声门，尽力做呼气动作，称为"憋气"。通常在完成用力较大且静止的动作时需要憋气，如大负荷的力量练习、短跑起跑等。憋气可增加肌肉张力，提高身体的稳定性。

合理的憋气方法有：(1)憋气前吸气不要太深。(2)结束憋气时，呼气应逐步、少许、有节制地从声门中挤出，即喉咙发出"嗨"声的呼气。(3)憋气应用于关键时刻，不必每个动作、每个过程都做憋气，如起跑、冲刺的一刹那，可用憋气。

十五、脂肪与运动减肥

人体脂肪的储存量很大。一般认为，最适宜的体脂含量，男性约为体重的 15%～20%，女性约为体重的 20%～25%。若男性体脂 >20%、女性体脂 >30%，则属肥胖。肥胖不仅增加机体负担，而且容易引发高血压、冠心病等疾病。体脂的积聚是由于摄入热量高于人体所需的能量，过多的能量在体内转化成脂肪，而且机体储存脂肪的能力几乎没有限度。所以，只有设法保持摄入量与消耗量之间的平衡，才能保持人体的正常体重。在氧供应充足时进行运动，脂肪可被大量消耗利用，运动减肥通过增加人体肌肉的能量消耗，促进脂肪的分解氧化，减缓运动后脂肪酸（脂肪分解生成的主要成分）进入脂肪组织的速度，抑制脂肪的合成，从而达到减肥的目的。因此，减肥的方式，一是参加运动，二是控制食物摄入量。研究表明，单纯的运动或单纯的节食的减肥效果均不如采取运动与节食相结合的方式。

（一）运动减肥的种类与方法

运动减肥应以动力性的持续有氧运动为主，如长距离步行、跑步、骑自行车、游泳等，同时结合适当的力量练习，可以明显增加机体瘦体重的含量，达到更好的减肥效果。力量练习主要是进行躯干和四肢大肌群的运动，主要方式有利用器械、哑铃等进行抗阻练习。

（二）运动的强度、时间、时间带和频率

1. 运动强度

以减肥为目的的运动，应采用中小强度的有氧运动。高强度的有氧运动虽然可以有效改善心肺功能，但是不利于促进体脂的代谢。运动强度一般用心率反映，减肥运动中要求达到个人的最适运动心率，具体计算公式如下：

$$最适运动心率 =（220-年龄-安静心率）\times（60\%\sim80\%）+安静心率$$

2. 运动时间

初始锻炼者运动时间控制在 30 分钟左右，经常锻炼者运动时间控制在 40～60 分钟。

3. 运动的时间带

晚餐前 2 小时锻炼比其他时间锻炼更能有效燃烧脂肪。

4. 运动频率

运动持续的时间与运动强度有关，运动频率可根据运动强度的大小进行适当调节，通常运动频率为 3～6 次 / 周。

十六、体能素质的用进废退现象

自然消退是体能素质的显著生理特征之一。增强和保持高水平体能状态最有效的方法就是不断强化和经常使用已经获得的能力，尤其是体力和脑力。通过一定的刺激频率和强度反复强化或运用，不仅可以使已经获得的体能素质始终保持在一个较好的机能水平上，而且在一定程度上可以使现有的体能水平得到提升，这就是体能素质的用进废退现象。

第五章

常见运动伤害、疾病与康复

第一节 运动伤害与疾病基础知识

一、运动伤害的分类

进行体育运动时容易出现受伤、生病等问题，根据伤害的病因，可分为外科运动损伤和内科运动障碍。

（一）外科运动损伤

我们平时所说的运动损伤，在运动现场统称为"外科运动损伤"。按其产生原因可分为急性运动外伤和慢性运动障碍。

急性运动外伤指因强大外力造成的突发性身体损伤。例如，进行体育运动时与其他人发生身体碰撞、接触体育用具等。典型的运动外伤有皮肤创伤、骨折、脱臼、关节扭伤、软骨损伤、肌肉拉伤、肌腱断裂、韧带损伤、脑震荡等。这些外伤都是突发的，一般认为只是偶发性的，但也与某些特定动作和疲劳有关。例如，常见的踝关节扭伤容易发生在反复跳跃的落地时，腘绳肌拉伤往往发生在全速奔跑时。此外，疲劳积累造成的判断力、反应速度和肌肉耐力下降，以及运动者本身带有的其他运动损伤也是引起运动外伤的原因。

慢性运动障碍也称"过用综合征"，主要由于过度使用身体某一部位或全身、肌力不足、姿势不正确、没做好疲劳恢复等引起的炎症和损伤。典型的运动障碍有疲劳性骨折、足底筋膜炎、网球肘、跳跃者膝、胫骨内侧应力综合征等。导致这些障碍的主要原因有动作姿势不正确、肌肉力量不足、过度使用、锻炼后的恢复不充分等。总之，身体的构造、力量、柔韧、协调性等失衡造成身体各部位受到的负荷不均衡，导致负荷集中在骨骼、关节、肌肉、肌腱、韧带等处，从而容易引发慢性运动障碍。

如发现自己出现急性运动外伤，就应马上进行"RICE"处理[①]。另外，不管是急性运动外伤还是慢性运动障碍，都应立即找专业运动医生诊断并治疗。为了能够长期运动，最重要的不仅是恢复身体，而且要结合治疗和康复以避免运动伤害复发。

（二）内科运动障碍

运动时生病，同样会导致竞技水准低下、无法运动等，严重时甚至会危及性命。生病的原因很多，可能是因营养和休息不足引起的免疫力低下，也可能是气温等环境因素

---

① RICE 是指 Rest（休息）、Ice（冰敷）、Compression（加压包扎）和 Elevation（抬高患肢）。

导致，具体有感冒等传染性疾病、腹痛、贫血、中暑等内科性运动障碍。

二、外科运动损伤易发生的部位

表 5-1 身体各部位外科运动损伤

损伤类型	身体部位	损伤名称	常见引发该损伤的运动项目	症　状
急性运动外伤	颈	颈肩综合征	橄榄球、格斗	颈部、肩部和手臂等部位疼痛剧烈，伴有神经麻痹等症状
	肩	肩关节脱臼	橄榄球、柔道、篮球	疼痛、肿胀、灼热感、肩关节变形、动作困难及不稳定等
	腿	肌肉拉伤	田径、足球、篮球、橄榄球	肌肉收缩及舒张时疼痛、肿胀，并有灼热感，严重时会出现无法行走及皮下出血的症状
	膝	前十字韧带损伤	篮球、足球、橄榄球	疼痛、肿胀、灼热感、膝关节内有积血，行走困难，有时伴有半月板和膝关节内侧副韧带损伤
	踝	扭伤	篮球、排球	压痛、活动时疼痛、肿胀、灼热感、活动受限等
慢性运动障碍	肩	肩周炎	游泳、羽毛球、网球	手臂抬高时肩部疼痛，逐渐发展为手臂上抬困难、疼痛加剧，肩部旋转时有被卡住的感觉
	肘	网球肘	网球、高尔夫	每次挥球拍、拧毛巾、按压门把手时会有疼痛感
	腰	腰椎病	足球、高尔夫、体操	腰部刺痛，弯腰或上半身后仰时疼痛加剧，严重时会压迫神经，出现下肢疼痛、麻木等
	骨盆	腹股沟综合征	田径、足球	髋关节功能障碍，很多动作受限并有疼痛感
	膝	半月板劳损	篮球、足球、排球	轻度损伤没有症状，损伤加重时，膝关节出现响声，甚至有被卡住的感觉，屈膝疼痛强烈
		髌腱炎	篮球、足球、排球	运动时疼痛，休息后疼痛消失，如症状继续发展则疼痛加强
	小腿	疲劳性骨折	田径、篮球、排球	疼痛、肿胀、灼热感等，不会像骨折一样出现皮下出血或大块肿胀，但是运动时或按压时有疼痛感
		胫骨内侧应力综合征	田径、篮球、排球	钝痛，初期运动时疼痛消失，运动后疼痛再次出现，症状不规律，如症状继续发展则出现持续疼痛
	足	跟腱炎	田径、篮球、足球	由慢性刺激造成的跟腱周围组织炎症，运动时伴有疼痛、压痛、灼热感、肿胀等
		足底筋膜炎	田径、篮球	向脚底施加压力后引起的伴有疼痛的筋膜炎症，运动时伴有疼痛、压痛、灼热感、肿胀等

三、运动伤害与疾病预防的原则

运动伤害与疾病预防的原则是确保运动者在参与体育活动时能够最大限度地降低受伤的风险。以下是一些关键的预防原则:

(一)强化预防意识

在进行体育活动前,运动者应认识到运动损伤的可能性,不要抱有侥幸心理。了解和学习运动损伤发生的原因和基本预防知识是预防的第一步。

(二)充分热身与放松

1. 准备活动

在运动前进行充分的准备活动,可以使肌肉、关节和韧带逐渐进入运动状态,提高身体的灵活性和协调性,降低受伤的风险。准备活动应包括轻松的有氧运动、拉伸和关节活动。

2. 放松活动

运动后进行适当的放松活动,如拉伸、按摩等,可以帮助肌肉恢复,减轻疲劳和酸痛感,降低慢性劳损的风险。

(三)合理安排运动

1. 选择适合的运动

根据自己的年龄、身体状况和运动水平选择合适的运动项目,避免选择超出自己能力范围或对身体造成过大负担的运动项目。

2. 合理安排运动负荷

合理安排运动负荷包括运动强度、时间和频率,避免运动过度或突然增加运动量,以免对身体造成损伤。

(四)使用专业装备

1. 选择合适的装备

在运动时穿着合适的运动服装和鞋子,可以提供良好的支撑和保护,降低受伤的风险;同时,避免在衣服的口袋里放入硬物等可能对身体造成伤害的物品。

2. 检查场地和器械

在运动前检查运动场地和器械的安全性,确保没有潜在的危险因素。在专门的运动场地进行运动,可以进一步降低受伤的风险。

(五)加强易伤部位的锻炼

坚持对容易受伤的部位和相对薄弱的部位进行针对性训练,提高它们的机能和稳定性。这可以帮助增强这些部位的抗损伤能力，降低受伤的风险。

（六）及时检查与诊断

1. 关注身体反应

在运动过程中要密切关注身体的反应和感受，一旦发现疼痛、不适或其他异常症状，就应立即停止运动并寻求专业人员的帮助。

2. 定期检查

定期进行身体检查，了解自己的身体状况和运动能力，以便及时调整活动计划和运动强度。

第二节 外科运动损伤预防的基本措施

在运动过程中出现损伤，不仅会带来身体上的痛苦，而且可能影响大学生的日常生活和学习。一旦受伤，往往需要长时间的休息和治疗，这不仅会打乱大学生的日常计划，而且可能造成经济上的损失。因此，预防运动损伤是保护大学生身体健康的重要手段。

一、肌肉牵拉

肌肉牵拉的目的是维持和改善关节活动范围，增加肌肉的柔韧性。大学生在运动前及运动后进行适当的肌肉牵拉，有利于提高运动表现、减轻肌肉疲劳、预防运动损伤的发生。根据动作的特征，可将牵拉技术分为静态牵拉和动态牵拉。

二、使用运动护具

运动护具是在运动过程中保护人体免受伤害的一种工具。运动中，相应的关节、肌肉、韧带等因频繁且反复的使用容易发生损伤，且运动时瞬间的发力、拉伸动作也会使强度不足的肌腱等软组织发生拉伤或扭伤的情况。运动护具可以通过限制关节的活动度、协助相应的肌肉收缩并减缓可能的过度牵拉，吸收冲击力量，从而达到防护的目的。值得注意的是，在日常的运动锻炼中，应尽量避免长时间使用护具。

（一）运动护具的功能和特性

护具的设计结合了生物力学和运动人体科学的知识原理，能够矫正错误姿势、减少关节活动度、分散过度压力、避免再次伤害。从相关专利技术的发展历程来看，运动护具始终朝着舒适、灵活、更符合人体运动学的方向发展。随着体育运动的快速发展和科技水平的提高，运动护具已趋向于针对单一项目的特别需要来进行设计，兼具了美观性、功能性与舒适性，且经济实惠，学生可以多次使用、自己穿戴并调整。护具使运动变得更舒适、更安全。

（二）运动护具的种类和分级

运动护具按照佩戴部位，一般可分为护头、护肩、护肘、护腕、护腰、护腿、护膝、护踝、组合运动护具和其他运动护具。另外，根据运动护具的功能特性和适用运动及对象，还可将其分为初级防护护具、进阶防护护具、高级防护护具和极限防护护具。运动护具的种类很多，要针对不同的运动项目选择合适的运动护具，对容易受伤的部位进行有效保护。

1. 初级防护护具

初级防护护具主要用于预防保护，适合一般大众使用。初级防护护具具有轻、透、软、弹的特点，佩戴时感觉舒适，多为针织式护具，经过医疗级剪裁，具有较高的弹性和包裹性，其适宜的保温功能在一定程度上有利于血液循环，适用于所有运动对象及运动项目。

2. 进阶防护护具

进阶防护护具大多使用氯丁橡胶材质，包裹性和束缚力较初级防护护具有一定的提升，弹性较初级防护护具低，在具备初级防护护具大多数特点的同时，还具有缓解肌肉疲劳的功能，适用于所有运动对象及运动项目，不仅能预防或减轻损伤的发生，而且能起到辅助治疗作用。

3. 高级防护护具和极限防护护具

高级防护护具和极限防护护具多在氯丁橡胶材质的面料里植入软支撑，这是相对于前两级护具的本质区别。其弹性较低，但支撑力强、固定性强、保护性强，能有效预防关节损伤的发生，但由于束缚力强，建议每 2 个小时取下以利于软组织休息、促进血液循环。该类护具适用于运动员或者长期参与激烈运动的运动爱好者，能够有效预防肌腱、韧带的撕裂和关节扭伤，保护已受伤的部位。

第三节　常见外科运动损伤现场急救与处理

人们在进行体育运动时，尽管做好了防护措施，但运动损伤仍时有发生。在体育教学、运动训练及日常锻炼中，教师、学生都应该重视运动损伤的预防，尽量减少发生运动损伤的频次。发生运动损伤时，因为教师、学生是最早出现在现场的人，也是救护运动损伤的现场第一人，所以具备一定的救护常识并进行紧急处理，可降低运动损伤的严重程度，甚至避免危及性命。因此，掌握急救知识非常重要。

一、运动损伤现场急救与处理原则

现场对运动损伤进行初步、有效的处理，可为后续的专业治疗赢得宝贵时间。运动损伤现场急救与处理原则主要包括以下几点：

（一）立即停止运动

一旦发生运动损伤，应立即停止受伤部位的活动，避免进一步加重损伤。

（二）检查伤情

迅速评估伤者的意识和生命体征，如心跳、呼吸等，判断伤势的严重程度。

（三）止血

对于开放性伤口，应立即寻找干净的布料或绷带进行加压包扎止血，避免大量失血。

（四）冰敷

对于闭合性损伤，如扭伤、拉伤等，应尽快用冰块或冰袋进行局部冷敷，以减轻肿胀和疼痛。注意冰块不能直接接触皮肤，应用毛巾包裹后再进行冷敷。

（五）固定伤肢

对于骨折或疑似骨折的伤者，应使用夹板、树枝等物品进行简单固定，避免移动过程中造成二次损伤。

（六）抬高患肢

对于下肢损伤，应将患肢抬高，高于心脏水平，以促进血液回流，减轻肿胀。

（七）及时转运

经过初步处理后，应尽快将伤者转运至医院接受进一步治疗。在转运过程中，应注意保持伤者的稳定，避免剧烈震动。

二、休克

休克是一种急性循环功能不全综合征，指机体在严重失血、失液、感染、创伤等强烈致病因子的作用下，有效循环血量急剧减少，组织血液灌注严重不足，引起细胞缺血缺氧，进而导致各种重要生命器官功能代谢障碍和结构损害的急性全身性危重病理过程。休克的临床表现多样，且病情进展迅速，若不及时救治则可能危及患者生命。

（一）休克的症状

休克的症状随病情进展而变化，主要分为三个阶段：

1. 休克早期

患者可能出现轻度兴奋，烦躁不安，精神紧张，面色和皮肤苍白，口唇及甲床轻度发绀，心率增快，呼吸加快，出冷汗等症状。此时，患者的血压可能正常或稍高，但脉压减少、尿量减少。

2. 休克中期

患者可能出现意识不清，呼吸表浅，四肢温度降低，心音低钝甚至摸不到脉搏等症状。此时，患者的血压进行性降低，皮肤湿冷、发花，尿量显著减少或无尿。

3. 休克晚期

患者可能出现多器官功能衰竭和弥散性血管内凝血（DIC）等症状。此时，患者的血压极低，难以纠正，皮肤发绀、广泛出血，出现顽固性低血压、急性呼吸功能衰竭、心衰、急性肾衰竭等严重并发症。

（二）休克的现场急救

休克的救治是一个紧急且复杂的过程，涉及多个方面的综合处理。以下是休克现场紧急救治的主要措施：

1. 保持呼吸道通畅

确保患者呼吸道不被阻塞，必要时进行气管插管或使用呼吸机辅助呼吸。将患者头部偏向一侧，避免呕吐物或分泌物堵塞呼吸道。

2. 体位安置

使患者处于平卧位，抬高下肢20～30厘米，这有助于血液回流至心脏，改善循环。对于头部受伤或疑似颈椎损伤的患者，应避免颈部过度移动。

3. 保暖

为患者盖上衣物或毯子以保持体温，避免体温过低导致病情加重。

在现场紧急救治后及时转送医院。

三、出血和止血

（一）出血的分类

出血分为内出血和外出血两种类型。

1. 内出血

内出血是指体内器官的出血,由于血液积聚在体腔内,因此一般不易诊断。内出血的严重程度与出血量、出血速度及出血部位密切相关,若短时间内大量出血,则可迅速导致休克甚至死亡。

2. 外出血

外出血是指血液流出体外。根据出血血管的不同,外出血又可分为动脉出血、静脉出血和毛细血管出血。动脉出血速度快,呈喷射状、搏动性,色鲜红。静脉出血速度较慢,色暗红,持续流出。毛细血管出血则呈水珠状渗出,色鲜红,常能自行凝固。

外出血是运动中最为常见的出血类型,因此,本节重点介绍外出血时的止血方法。

(二)止血方法

人体的血液量因个体差异而异,通常与体重、性别和年龄有关。平均而言,一个成年人的血液总量约为体重的7%～8%,即5～6升。例如,体重为50公斤的人,其血液总量为3 500～4 000毫升。当失血量达人体总血量的20%时,就可能出现休克,危及性命。因此,及时有效止血非常重要。

常用的外出血临时止血方法有以下几种:

1. 直接压迫止血法

该方法适用于外伤性出血,如创伤出血、手术切口出血等。直接用手、棉球等物品压迫伤口,直至止血。

2. 提高患肢位置止血法

该方法适用于四肢受伤出血的情况,如手臂、腿部等出血。将患肢抬高,使出血部位高于心脏,促进血液向上流动,以减少出血量。

3. 加压包扎止血法

先用干净的纱布、棉球等物品覆盖伤口,然后用绷带或胶带固定伤口,防止再次出血。这种方法适用于外伤性出血和黏膜表面出血。

4. 止血带止血法

对于四肢部位大量出血,压迫止血无法完全止血时,可使用止血带止血。但务必注意,止血带使用时间不宜过长,每隔1个小时要松开5～10分钟,以避免组织因缺血而坏死。

四、开放性软组织损伤

开放性软组织损伤是指受伤部位皮肤或黏膜破裂,伤口与外界相通,常有组织液或血液自创口流出。对一般开放性软组织损伤,可以进行局部治疗,基本处理包括止血、清创、制动等。常见的开放性软组织损伤有以下类型:

（一）擦伤

皮肤表面受粗糙物摩擦所引起的损伤称为"擦伤"。其主要病理改变及征象为皮肤的表皮层损伤、脱落，真皮层也可能受损，有小出血点和组织液渗出，是开放性软组织损伤中最轻的一类创伤。伤口无感染则易于干燥结痂而愈；伤口有感染则局部可发生化脓，有分泌物。

小面积擦伤可用1%～2%红汞液或1%～2%紫汞液涂抹，无须包扎。面部擦伤宜涂抹0.1%新洁尔灭溶液。关节部位的擦伤一般不用裸露治疗，否则容易干裂而影响运动，可用消炎软膏涂抹后包扎。

大面积污染较重的擦伤，先用生理盐水冲洗伤口，然后在1%盐酸利多卡因局部麻醉下，用毛刷轻轻刷洗，清除沙粒等异物，敷以1%雷弗奴尔或凡士林纱布，加盖消毒纱布并用绷带加压包扎。伤口应每日或隔日换药，必要时应遵医嘱服用抗生素。

（二）裂伤、刺伤和切伤

1. 裂伤

人体遭受钝性暴力打击引起皮肤和皮下软组织的撕裂性损伤被称为"裂伤"。其伤口边缘不整齐，组织损伤广泛，常有不同程度的污染和出血。

2. 刺伤

尖锐长细物刺入人体所致皮肤、皮下及深部组织器官的损伤被称为"刺伤"。其特点为伤口小，创道深，创底常有污染。

3. 切伤

锐器切入皮肤所致的皮肤及皮下等组织的损伤被称为"切伤"。伤口边缘整齐，多呈直线，出血较多，但周围组织损伤较轻。深的切伤可切断大血管、神经、肌腱等组织。

裂伤、刺伤和切伤，轻者可先用碘酒、酒精将伤口周围皮肤消毒，再用消毒纱布覆盖，加压包扎。伤口较大、较深、污染较重的，应及时送医院由医务人员进行清创术，清除污物、异物、坏死组织，彻底止血，缝合伤口，口服或注射抗生素以预防感染。伤口小而深和污染较重者，应注射破伤风抗毒素1 500～3 000国际单位（IU），以预防破伤风。

五、急性闭合性软组织损伤

急性闭合性软组织损伤是指伤处皮肤或黏膜无破损，没有伤口或与外界相通的损伤，是由一次暴力导致的，如肌肉拉伤、关节扭伤等。

急性闭合性软组织损伤后的治疗（康复）分为三个阶段：急性炎症期（早期）、组织再生期（中期）、重塑期（后期）。

（一）急性炎症期（早期）

1. 症状

在损伤后的 24～28 个小时内，损伤导致的局部组织撕裂或断裂，血管损伤出血、渗出，出现明显的炎症反应，受伤部位会出现红肿、发热、疼痛和功能受损。

2. 处理目的

尽快止血，防止或减轻局部炎症反应和肿胀，减轻疼痛。此阶段会持续 3～5 天。

3. 处理原则

适当制动，止血，防肿，镇痛，减轻炎症反应。

4. 处理方法

受伤后应用 RICE 原则立刻进行治疗。在受伤后的 24～48 个小时内，每隔 1～2 个小时应当遵循 RICE 原则进行 10～20 分钟处理，注意饮食，避免食用引发炎症的食物。

（1）Rest（休息）

受伤后停止一切活动以避免进一步的损伤和出血。休息时，在不发生进一步损伤的前提下，将受伤部位归位到起始状态。在此期间，受伤部位不可以承重，伤者最好坐着或躺着。受伤部位在 48 个小时内不允许抵抗外力，以限制瘢痕组织的再生。

（2）Ice（冰敷）

损伤后的 24～48 个小时内冷敷可以使局部血管收缩从而减少出血和渗出，减弱炎症反应，减轻由于充血、出血和渗出引起的肿胀，降低组织的代谢率，减少营养物质和氧气的需求量。冰敷同样有缓解疼痛的作用，可以减轻伤痛带来的肌肉痉挛和肌肉紧张。损伤发生后，应尽快对受伤部位进行冰敷治疗，直到受伤部位感觉麻木。可采用局部（冰）水浴、冰按摩（10～15 分钟）、冰袋（15～20 分钟）和局部冷喷（距离伤处 20 厘米以上，一次 30 秒，可重复 5～10 次）的方法。其中，冰袋的效果最好，可直接放在伤处。

正常冰敷结束后，受伤部位的皮肤颜色应比较苍白，如果该区域皮肤颜色变红，就说明冰敷时间过长。受伤后，应阻止血液流向受伤部位，而冰敷时间太久会适得其反，使流向受伤部位的血液增多，极有可能引发更严重的炎症。

伤后 24～48 个小时内，每隔 1～2 个小时可重复冰敷一次。遭受较重的损伤后一周内都可以进行冰敷治疗。

（3）Compression（加压包扎）

应尽快对损伤部位进行加压包扎。加压包扎可以使组织间隙压力升高，从而减少出血和肿胀。

加压包扎可以在冷敷之间或之后进行，一般采用绷带环绕缠住受伤部位，包扎方向从受伤部位的远端向近端牢固包扎，每层绷带有部分重叠，开始部分包扎得紧一些，向上到达伤口部位时稍微松一些。冰袋可以放在加压包扎的绷带上面。

要经常检查包扎部位皮肤的颜色、温度和损伤部位的感觉，保证绷带没有压迫神经或阻断血流。24个小时后可以拆除加压包扎。

（4）Elevation（抬高患肢）

在损伤后的24～48个小时内，尽量使伤肢的位置抬高至心脏水平，这有助于加快静脉血液和淋巴液的回流，减轻伤肿和局部淤血。

（二）组织再生期（中期）

1. 症状

在损伤后的24～48个小时后进入中期阶段，这时受伤部位的出血停止，急性炎症逐渐消退，但仍有淤血和肿胀，肉芽组织开始生成和长入，形成瘢痕组织。

2. 处理目的

促进损伤部位的修复。

3. 处理原则

改善伤部的血液和淋巴循环，减轻淤血；促进组织代谢和渗出液的吸收，加速再生修复。

4. 常用治疗方法

热疗、按摩、针灸、拔火罐等。这个阶段可根据受伤情况进行适当的功能锻炼，适当使用保护支持带使受伤部位、组织在保护下进行主动或被动的运动，以避免肌肉、关节和韧带的再损伤。

（三）重塑期（后期）

1. 症状

在上一阶段持续3～5周后进入重塑期。重塑期的主要表现是损伤部位已经基本修复，临床征象已基本消失，但功能尚未完全恢复，运动时仍有疼痛感、酸软无力。有些严重病例可能因为粘连或瘢痕收缩而出现伤部僵硬、活动受限等情况。

2. 处理目的

主要是功能恢复。

3. 处理原则

增强和恢复肌肉、关节的功能，如有瘢痕，则应设法使之软化、松解。

4. 常用治疗方法

可采取热敷、按摩、拔罐、药物治疗（如外敷活血药剂）、中药外敷或熏洗。应根据伤情进行适当的康复功能锻炼，以保持机体神经、肌肉的良好功能状态，维持已经建立起来的条件反射以及各器官与系统之间的联系。

需要特别注意的是，在重塑期的最后阶段，对受伤部位应按照以下康复方式和顺序进行锻炼：灵活性训练→平衡稳定性训练→力量训练。在进行力量训练时，应先从肌肉的等长收缩训练开始，逐渐过渡到进行肌肉的向心收缩，再进行肌肉的离心收缩。这些训练可以保障康复的效果，防止受伤部位再次出现损伤，同时避免身体其他部位因过多代偿而发生损伤。

六、慢性闭合性软组织损伤

慢性闭合性软组织损伤主要是由于过度使用身体某一部位或全身、肌力不足、姿势不正确、急性损伤未完全恢复而过早恢复锻炼、没做好疲劳恢复等引起的炎症和损伤。这类伤者很难说清损伤发生的确切时间及损伤动作。

（一）症状

常见症状有疼痛、压痛和肌肉力量减弱，症状会随着活动的进行不断加重。运动时疼痛可能减轻，休息时则会加重。典型的慢性损伤有足底筋膜炎、网球肘、跳跃者膝等。

（二）处理原则

改善受伤部位血液循环，促进组织新陈代谢，合理安排受伤部位的运动负荷量和强度。

（三）常见治疗方法

与急性闭合性软组织损伤重塑期基本相同，治疗方法以热敷、按摩、拔罐、药物治疗、中药外敷或熏洗为主，同时配以适当的康复功能锻炼。

七、疲劳性骨膜炎

疲劳性骨膜炎又称"应力性骨膜炎"，是一种因过度使用而导致的骨的反应性炎症。在进行剧烈运动时，肌肉附着部的骨膜长期受到牵拉使该部骨膜组织松弛或分离从而引发炎症，易发生于胫骨、腓骨和跖骨。

（一）症状

主要是局部疼痛，在运动后疼痛会加剧，还会有局部的充血、水肿。如果用手触摸疼痛部位，则可能感觉到骨膜有增厚的情况。

（二）处理

要调整运动量，让受伤部位得到充分休息，同时可以配合物理治疗，如热敷来改善局部血液循环，减轻炎症。

八、心脏骤停

（一）症状

心脏骤停是指心脏射血功能的突然终止，大动脉搏动与心音消失，重要器官（如脑）严重缺血、缺氧，导致生命终止。

（二）处理

心肺复苏（Cardio Pulmonary Resuscitation，CPR）是针对骤停的心脏和呼吸采取的救命技术，是为了恢复患者自主呼吸和自主循环。每位学生都应正确掌握心肺复苏方法，一旦发现心脏骤停者，就必须争分夺秒，采取现场心肺复苏，这样才有可能挽救心脏骤停者的生命。现场心肺复苏操作步骤如下：

1. 评估现场环境安全及患者的意识、呼吸、脉搏等

（1）判断意识：急救者在确认现场安全的情况下轻拍患者的双侧肩膀，并大声呼喊"你怎么了？"以判断患者是否有意识。

（2）判断呼吸：如果患者没有意识，就应立即检查患者是否有呼吸。采用"听、看、感觉"的方法判断呼吸，检查时间为10秒。

（3）判断脉搏：一般以一手食指和中指触摸患者颈动脉以感觉有无搏动（搏动触点在甲状软骨旁胸锁乳突肌沟内），检查脉搏的时间一般不超过10秒。如10秒内仍不能确定有无脉搏，就应立即实施胸外按压。

2. 求救

如果患者无意识、无呼吸（或叹息样呼吸）、无脉搏，就应立即高声呼救：

（1）快来人啊，有人晕倒了！

（2）请帮忙拨打120。

（3）附近如果有自动体外除颤器（AED），请取来。

3. 心肺复苏体位

如果患者无意识、无呼吸（或叹息样呼吸）、无脉搏，就应将患者置于心肺复苏体位。

（1）使患者处于仰卧位，放置在质地较硬的平台或平地上。

（2）急救者跪在患者右侧，近胸部位置。

4. 胸外按压

（1）急救者将一只手的掌根放置在患者胸骨中下1/3交界处，沿肋缘至剑突向上两

横指。

（2）将另一只手的掌根置于第一只手上，双手十指相扣，掌心翘起，手指不接触患者胸壁。

（3）急救者双肘伸直，双肩位于双手上方，以保证每次按压的方向与胸骨垂直。

（4）对于正常体形的患者，按压深度为5～6厘米。每次按压后让胸廓恢复到按压前位置，放松时双手不能离开患者胸壁，按压时间与放松时间间隔比为1∶1，连续按压30次（每30次胸外按压后要进行2次人工呼吸并循环进行）。

（5）按压频率100～120次/分钟。

5. 开放气道

采用仰头举颏法打开气道：将一只手置于患者的前额，然后用手掌推动，使其头部后仰。将另一只手的手指置于颏骨附近的下颌下方，提起下颌，使颏骨上抬。下颌角和耳垂连线与地面成90度。注意在开放气道的同时应该用手指挖出病人口中异物或呕吐物，有假牙者应取出假牙。

6. 人工呼吸

急救者用左手拇指和食指捏住患者鼻孔，防止漏气，用自己的双唇把患者的口完全包绕，成密封状，然后缓慢吹气1秒以上，使患者胸廓隆起，吹气完毕，急救者松开捏鼻孔的手，带气体排出后再重复一次以上步骤。每次吹气量800～1 000毫升。

7. 重新评估

以30∶2的按压/吹气比例重复进行5组心肺复苏。5组后，重新检查呼吸和脉搏，大约10秒。如果患者心跳和自主呼吸仍未恢复，则继续重复心肺复苏，直至患者恢复心跳和自主呼吸或专业急救人员到达现场。如果患者心跳和自主呼吸已恢复，则为患者做好保暖并随时观察其生命特征。

第四节　功能性动作筛查

功能性动作筛查（Functional Movement Screen，FMS）是由格雷·库克（Gray Cook）等设计的一种身体功能评价方法，是一种革新性的动作模式评价系统，它的特点是测试易操作，评价方法简单。

一、目的

FMS通过测试功能性动作、肌肉控制、神经系统稳定等方面的表现来发现学生身体灵活性与稳定性方面的不足，进而分析学生在运动过程中潜在的动作补偿问题，从而保证人体动力链系统功能完善，降低运动损伤的发生概率。使用 FMS 评价方法可以测评学生的一些基本运动能力，测试结果是制订运动锻炼计划的出发点。从某种意义上讲，这种测评方法是从其他一些技能测试方法发展而来的，在测试过程中所使用的测试工具和动作能够得到学生和体育教师、教练员的认同。FMS 可用于各类人群的基本运动功能评价而不仅限于运动员。

二、评分标准

FMS 由 7 个基础动作组成，每个动作重复三遍，从 0 分到 3 分进行评分，3 分为最高分，满分为 21 分。0 分表示测试中任何部位出现疼痛；1 分表示学生无法完成整个动作或无法保持起始姿态；2 分表示学生能够完成整个动作，但完成的质量不高；3 分表示学生能高质量完成动作。当低于 14 分时，受伤的概率会大幅增加（如表 5-2 所示）。

表 5-2 FMS 功能动作评估

姓名：		性别：		年龄：	
测　试		原始评分	最终评分	评　述	
深蹲					
跨步	左				
	右				
直线弓箭步	左				
	右				
肩关节灵活性	左				
	右				
肩夹击排除测试	左				
	右				
主动直腿抬高	左				
	右				
躯干稳定俯卧撑					
伏地起身排除测试		+/-			
旋转稳定	左				
	右				
臀部后坐排除测试		+/-			
总评分				21 分满分，低于 16 分为不及格——锻炼请遵循教练的建议	

三、动作构成

FMS 由 7 项基础动作模式组成，包括深蹲、跨步、直线弓箭步、肩关节灵活性、直腿主动上抬、躯干稳定俯卧撑、旋转稳定性。在完成这 7 个动作时，需要学生保持灵活性与稳定性的平衡。通过所设计的基本动作模式，可以观测学生动作在基本运动、控制、稳定等方面的表现。在进行测试时，要求学生尽个人最大努力完成运动，当学生没有适当的稳定性和灵活性时，其薄弱环节和不平衡就会充分表现出来。根据以往的观察，即使高水平竞技运动员也不一定能完美地完成这些简单的动作。我们可以认为，这些人在完成这些测试时，使用了代偿性的动作模式——他们为了自己表现得更好，使用了一种非高效的动作。如果以后他们继续使用这种代偿性动作，客观上就会强化这种错误的动作模式，最终会使动作的运动生物力学特征非常差。

（一）深蹲

1.测试目的
评价肩、胸椎、髋、膝和踝关节双侧的对称性、灵活性和躯干的稳定性。
2.测试方法
（1）学生两脚分开与肩同宽，双手以相同间距握测试杆（测试杆与地面平行）。
（2）双臂伸直举杆过顶，慢慢下蹲，尽力保持脚后跟着地。
（3）测试允许试三次，如果还是不能完成这个动作，就将测试板垫在学生的脚跟下再进行以上动作测试。
3.评分标准
3 分：测试杆在头的正上方，躯干与小腿平行或与地面垂直，下蹲时大腿低于水平线，保持双膝与双脚方向一致。
2 分：脚跟下垫上木板后按照以上要求完成动作。
1 分：脚跟下垫上木板后还是不能按要求完成动作。
0 分：测试过程中任何时候，学生感觉身体某部位出现疼痛。
深蹲示范如图 5-1 所示。

（二）跨步

1.测试目的
评价髋、膝、踝关节的灵活性和稳定性，身体核心部位的控制能力以及身体两侧在运动中的对称性。
2.测试方法
（1）学生双脚并拢，脚尖接触测试板。

图 5-1 深蹲

（2）调整测试绳的高度（与学生的胫骨粗隆同高），双手握测试杆置于肩上并与地面平行。

（3）学生缓慢抬起一腿跨过栏杆，用足跟触地，重心放在支撑腿上并保持身体稳定。

（4）缓慢恢复到起始姿势，学生有三次机会完成测试。

（5）一侧腿测试完毕换另一侧腿进行测试，分别记录两侧得分。

3. 评分标准

3 分：髋、膝、踝关节在矢状面内成一直线，腰部几乎没有明显移动，双手握测试杆保持与地面平行。

2 分：髋、膝、踝关节在矢状面上不成一条直线，腰部有移动，双手握测试杆与地面不平行。

1 分：脚碰到测试绳，身体失去平衡。

0 分：测试过程中任何时候，学生感觉身体某部位出现疼痛。

跨步示范如图 5-2 所示。

图 5-2 跨步

(三) 直线弓箭步

1. 测试目的

评价髋、膝、踝关节的灵活性和稳定性以及股四头肌的柔韧性。

2. 测试方法

（1）测量地面至学生胫骨粗隆的高度。

（2）以右脚为例，学生左脚踩在测试板的起始线上，将测试杆放在身体后部，左手在上、右手在下握住测试杆，测试杆紧贴头部、脊柱和骶骨并垂直于地面。

（3）在测试板上量取与学生胫骨粗隆高度相同的距离并标记，右脚向前迈出一步，足跟落在标记线上，随后下蹲至后膝接触测试版，双脚始终保持在一条直线上。学生有三次机会完成测试。

（4）两侧上下肢交换再次完成测试，分别记录两侧得分。

3. 评分标准

3分：躯干基本没有晃动，保持双脚踩在测试板上，后膝接触测试板。

2分：躯干出现晃动，不能保持双脚踩在测试板上，后膝不能接触测试板。

1分：失去平衡。

0分：测试过程中任何时候，学生感觉身体某部位出现疼痛。

直线弓箭步示范如图5-3所示。

图5-3 直线弓箭步

(四) 肩关节灵活性

1. 测试目的

评价双侧肩关节活动范围，以及一侧肩关节的伸展、内旋和内收与另一侧的屈曲、外旋和外展的能力。

2. 测试方法

（1）测量腕横纹至中指尖之间的距离，这就是学生手的长度。

（2）学生站立位，一只手握拳由下向上以手背贴后背部，尽力向上够。另一只手握拳由上向下以手掌贴后背部，尽力向下摸。记录两手最近点之间的距离。

（3）上下交换双手位置重复以上测试，分别记录两次得分。

3. 评分标准

3分：上下两手间距离小于1只手长度。

2分：上下两手间距离大于1只手长度而小于1.5只手长度。

1分：上下两手间距离大于1.5只手长度。

0分：测试过程中任何时候，学生感觉身体某部位出现疼痛。

肩关节灵活性示范如图5-4所示。

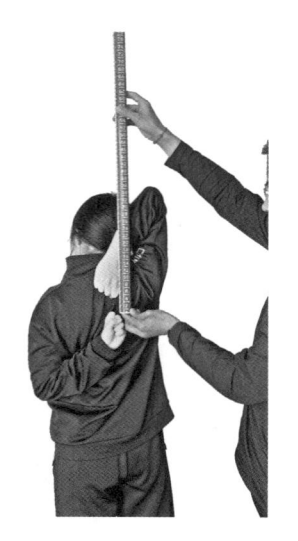

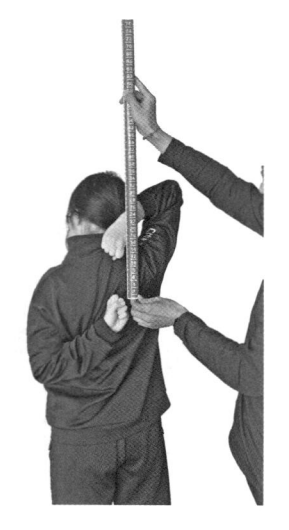

图5-4 肩关节灵活性

4. 肩夹击排除性检查

（1）测试目的：检测肩部的疼痛隐患。

（2）测试方法：学生自然站立，将一侧手放到对侧肩上，保持手掌与肩的接触，尽可能高抬肘关节。

（3）评分标准：如果出现疼痛，肩部灵活性测试就得0分。

肩夹击排除性检查示范如图5-5所示。

（五）直腿主动上抬

1. 测试目的

评价骨盆的稳定性和大腿后部肌群及小腿肌群的主动柔韧性。

图 5-5　肩夹击排除性检查

2.测试方法

（1）学生仰卧，双手置于身体两侧，掌心向下，一侧膝关节下放置测试板。

（2）另一侧腿主动上抬，脚踝背屈，膝关节伸直。

（3）保持身体平直，下方腿始终与测试板接触，将测试杆放在踝关节中央并自然下垂，观察测试杆位于下方腿的位置。

（4）一侧腿测试完毕换另一侧腿进行测试，分别记录两次得分。

3.评分标准

3分：测试杆位于大腿中点上方。

2分：测试杆位于大腿中点与膝关节之间。

1分：测试杆位于膝关节下方。

0分：测试过程中任何时候，学生感觉身体某部位出现疼痛。

直腿主动上抬示范如图 5-6 所示。

（六）躯干稳定俯卧撑

1.测试目的

评价脊柱的稳定性、双侧对称性和肩带的稳定性。

2.测试方法

（1）学生俯卧，两手与肩同宽撑地，腰椎保持自然伸直姿势。

（2）男生双手位置与头顶平行，女生双手位置与下颌平行，身体各部位同时撑起，腰椎始终保持自然伸直姿势。

（3）男生如果不能完成此动作，就可以将双手放在与下颌平行位置，再完成一次动作；女生如果不能完成此动作，就可以将双手放在与肩部平行位置，再完成一次动作。

3.评分标准

3分：标准俯卧姿势完成动作，全过程保持腰椎自然伸直姿势。

图 5-6　直腿主动上抬

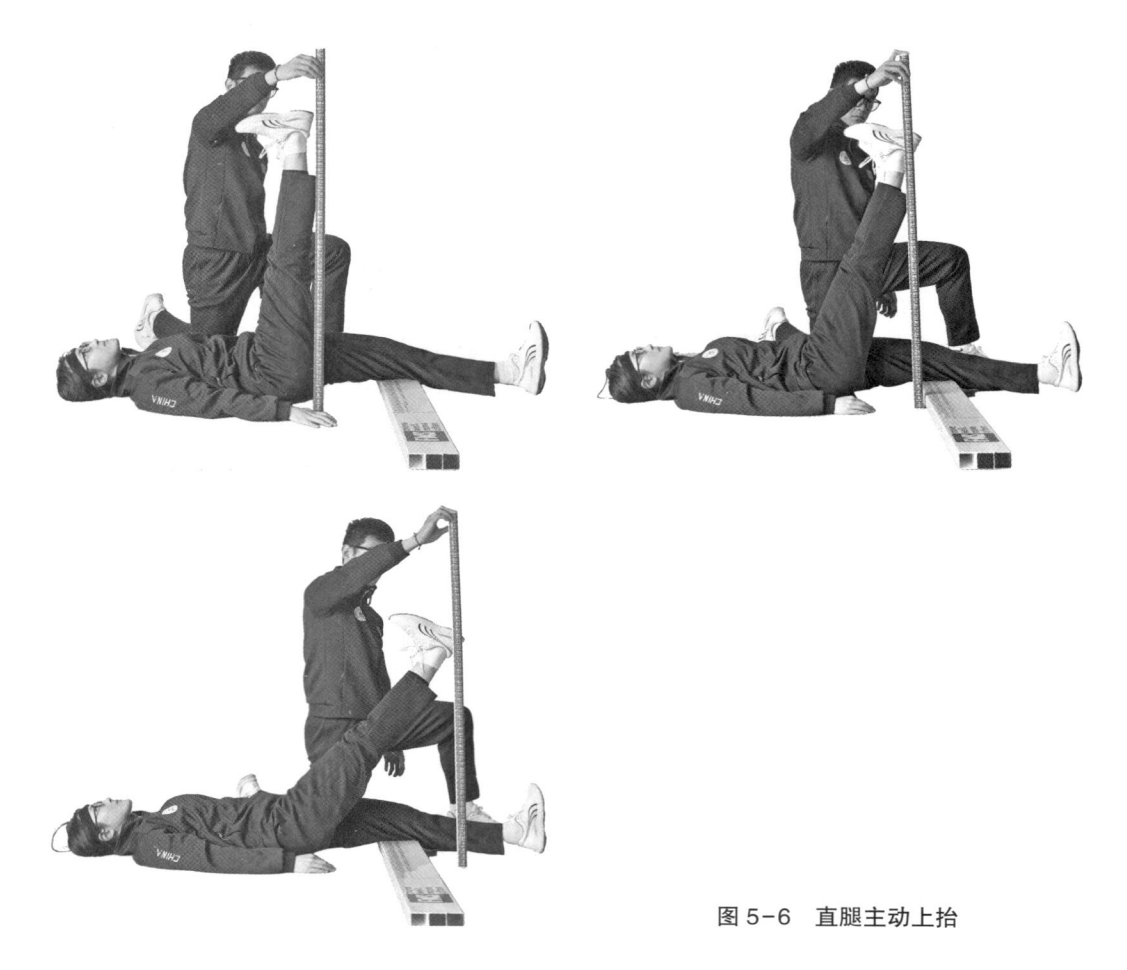

2分：降低难度完成动作，全过程保持腰椎自然伸直姿势。

1分：不能按照要求完成动作。

0分：测试过程中任何时候，学生感觉身体某部位出现疼痛。

躯干稳定俯卧撑示范如图 5-7 所示。

4. 伏地起身排除性检查

（1）测试目的：检测躯干的疼痛隐患。

（2）测试方法：身体俯卧，贴紧地面，双手掌心向下接触地面，双手缓慢撑起上体，使脊柱充分伸展。

（3）评分标准：如果出现疼痛，躯干稳定性俯卧撑测试得 0 分。

伏地起身排除性检查示范如图 5-8 所示。

（七）旋转稳定性

1. 测试目的

评价上下肢在联合动作中，骨盆、核心区和肩带在多个平面上的稳定性。

图 5-7　躯干稳定俯卧撑

图 5-8　伏地起身排除性检查

2. 测试方法

（1）学生俯身跪于垫子上，腰椎保持自然伸直，在双手与双膝之间放置测试板并接触。

（2）学生抬起同侧手和腿，使身体保持在同一个水平面内，保持腰椎自然伸直。

（3）学生的肘与膝在平面内屈曲靠拢并接触，然后恢复起始姿势。

（4）学生可以尝试 3 次来完成测试动作。如果学生不能完成同侧动作，就可以采用同时上抬对侧肢体的方式（成对角线）来完成测试动作。

（5）测试完成后交换对侧肢体进行相同动作测试，分别记录两侧得分。

3. 评分标准

3 分：学生能以同侧肢体上抬方式完成标准测试动作，同时保持腰椎自然伸直姿势，躯干与地面平行，肘膝与测试板边线在同一平面内。

2 分：学生能以对侧肢体上抬方式完成标准测试动作，同时保持腰椎自然伸直姿势，躯干与地面平行，肘膝与测试板边线在同一平面内。

1 分：学生不能以对侧肢体上抬方式完成标准测试动作。

0 分：测试过程中任何时候，学生感觉身体某部位出现疼痛。

旋转稳定性示范如图 5-9 所示。

图 5-9　旋转稳定性

4. 臀部后坐排除性检查
（1）测试目的：检测躯干的疼痛隐患。
（2）测试方法：学生从四点支持姿势开始，后移上体，使臀部接触脚跟，胸部接触大腿，双手尽量向前方伸出。
（3）评分标准：如果出现疼痛，转动稳定性测试就得 0 分。
臀部后坐排除性检查示范如图 5-10 所示。

图 5-10　臀部后坐排除性检查

FMS 是一种评价方法，它试图通过测试功能性动作来发现学生灵活性与稳定性方面的不平衡。这种评价方法可以放大学生动作补偿的问题，也正是这些动作上的瑕疵会导致运动链系统出现故障，使学生在活动时动作效率不高，并有受伤的风险。

FMS 可作为身体检查的一部分，以确定学生身体上可能存在的通过传统医学检查和运动表现评价很难发现的问题。在很多情况下，肌肉柔韧性和力量的不平衡性，以及损伤史等问题是很难被发现的，这些问题已经被公认为运动损伤的最大潜在因素，然而都可以通过 FMS 测试得以确认。这种以动作为基础的测试，可以查明与本体感觉相关的、灵活性与稳定性等方面的功能性问题。如果使用 FMS 可以发现这些问题的话，就可以减少运动损伤的可能性，并最终提升运动表现。

参考文献

[1] 《青少年科学训练通识培训教程》编委会.体能训练基础理论[M].北京：北京教育出版社，2022.

[2] 《青少年科学训练通识培训教程》编委会.运动损伤防治与康复[M].北京：北京教育出版社，2022.

[3] 《青少年科学训练通识培训教程》编委会.青少年运动员体能训练[M].北京：北京教育出版社，2022.

[4] 《青少年科学训练通识培训教程》编委会.运动训练基础综合[M].北京：北京教育出版社，2022.

[5] 《青少年科学训练通识培训教程》编委会.运动训练应用综合[M].北京：北京教育出版社，2022.

[6] 国家体育总局青少年体育司，国家体育总局体育科学研究所.儿童青少年体质健康水平提升指导与实践[M].北京：人民邮电出版社，2022.

[7] 孟祥波，王俪燕，叶捍军.大学生体质健康测试指导手册：活页版[M].苏州：苏州大学出版社，2023.

[8] 陆耀飞.运动生理学[M].北京：北京体育大学出版社，2007.

[9] 王瑞元，苏全生.运动生理学[M].北京：人民体育出版社，2011.

[10] 王雄，朱昌宇.引体向上学练测一本通[M].北京：人民邮电出版社，2024.

[11] 王雄，朱昌宇.立定跳远学练测一本通[M].北京：人民邮电出版社，2024.

[12] 王雄，朱昌宇.800米跑及1 000米跑学练测一本通[M].北京：人民邮电出版社，2024.

[13] 王雄，朱昌宇.仰卧起坐学练测一本通[M].北京：人民邮电出版社，2024.

[14] 王安利.运动医学[M].北京：人民体育出版社，2007.

[15] 中国红十字会总会.救护员[M].北京：人民卫生出版社，2015.

[16] 李丹阳，李春雷.ACSM体能训练概论[M].北京：人民卫生出版社，2018.

[17] 张一民，秦春波.中国学生体质健康测试中心规范指南［M］.武汉：武汉大学出版社，2021.

[18] 颜飞卫.大学生体质健康评价及健康教育［M］.杭州：浙江大学出版社，2013.

[19] 周雷，黄滨.学生体质评价及运动处方［M］.北京：北京体育大学出版社，2009.

[20] 李永超，李少新.儿童跳绳指南：视频学习版［M］.北京：人民邮电出版社，2022.

[21] 朱卫熊，郭晶，吴立新.大学生体质与健康［M］.武汉：武汉大学出版社，2007.

[22] 李萍.大学体育教程［M］.长沙：中南大学出版社，2021.

[23] 李顺求.大学体育教程［M］.长沙：中南大学出版社，2020.

[24] 王丽萍.中考体育满分方案［M］.北京：人民体育出版社，2022.

[25] 朱信龙.中考体育训练实用手册［M］.合肥：安徽文艺出版社，2021.

[26] 常思，肖波，李建亚.中考体育满分冲刺［M］.北京：化学工业出版社，2022.

[27] 韩诺.运动训练基础理论［M］.北京：人民邮电出版社，2020.

[28] 曲岩松.体能训练基础理论［M］.北京：人民邮电出版社，2020.

[29] 王震宇，司佳卉.运动损伤解剖学：康复训练［M］.北京：人民邮电出版社，2017.

[30] 张贵敏.田径运动教程［M］.北京：人民体育出版社，2007.

附录一
学生体质健康监测评价办法

一、教育部关于印发《学生体质健康监测评价办法》的通知

教育部关于印发《学生体质健康监测评价办法》等三个文件的通知

教体艺〔2014〕3号

各省、自治区、直辖市教育厅（教委），新疆生产建设兵团教育局：

为贯彻党的十八届三中全会精神，认真落实教育规划纲要和《国务院办公厅转发教育部等部门关于进一步加强学校体育工作若干意见的通知》（国办发〔2012〕53号）的有关要求，现将我部制定的《学生体质健康监测评价办法》《中小学校体育工作评估办法》《学校体育工作年度报告办法》印发给你们，请遵照执行，并提出以下要求：

（一）各地要将学生体质健康监测评价纳入教育现代化指标体系，作为考试制度建设和改革的重要内容，逐步形成科学规范、导向明确、诚信可靠、保障有力的学生体质健康监测评价制度。要加大经费投入力度。要将组织开展体质健康测试计入教师工作量。要加强测试场地、设施和器材等条件建设。要加强相关技术培训。

（二）各地要将学校体育工作评估作为监测教育发展和考核学校工作的重要途径纳入教育督导检查计划，并建立学校体育工作专项督导制度和重点地区学校体育工作挂牌督导制度。要认真总结学校体育工作经验，及时发现问题，不断改进工作。

（三）各地要把学校体育工作年度报告作为一项基本工作制度，通过年度报告全面、客观、真实地反映本地区学校体育工作和学生体质健康状况，系统总结、发现各地的经验和典型，深入分析、研究存在的问题与困难，及时发布年度报告，促进信息公开、共享，推动改革成果转化和深度开发利用，推动学校体育健康发展。

（四）各地要通过政府主导、第三方监测、社会监督等多种渠道汇聚、分析和公布学生体质健康变化趋势、学校体育工作进展情况等信息。各地和学校要充分利用信息技术建立健全青少年阳光体育公示平台，公示工作情况、交流改革经验、接受公众监督。

（五）各地要加强学校体育工作绩效评估，对学校体育工作成绩突出的地方、部门、

学校和个人进行表彰宣传；对学生体质健康监测、学校体育工作评估和年度报告中弄虚作假或工作不力的单位和个人予以通报批评，对学生体质健康水平持续三年下降的地区和学校，在教育工作评估和评优评先中实行"一票否决"。

（六）请各地结合本地区实际研究制订落实三个文件的工作方案或实施细则，及时报送我部体育卫生与艺术教育司。

教育部
2014 年 4 月 21 日

二、学生体质健康监测评价办法

第一条　为提高学生体质健康监测评价的制度化、规范化和科学化水平，深化学生综合素质评价、学业水平测试和考试制度改革，完善学校体育工作评价机制，促进青少年身心健康、体魄强健，根据《学校体育工作条例》和国家有关规定，制定本办法。

第二条　本办法适用于全日制普通小学、初中、普通高中、中等职业学校、普通高等学校的学生体质健康测试以及各级教育行政部门以此为基础开展的学生体质健康监测评价工作。

第三条　学生体质健康测试是指测试人员采用规范的技术、方式和方法，组织学生参加《国家学生体质健康标准》所确定的测试项目及有关内容的实际测评，是促进学生体质健康发展、激励学生参加身体锻炼的教育、评价和反馈手段，重点监测学生的身体形态、身体机能、身体素质和运动能力等方面情况及其变化趋势。教育部根据中国青少年学生成长发育特征、全国学生体质健康变化趋势和国家学校体育工作政策，动态调整和公布学生体质健康测试项目和测试内容。

第四条　各级教育行政部门以强化体育课程和课外锻炼为基础，以《国家学生体质健康标准》为依据，在本行政区域内统筹开展面向全体学生的体质健康测试，逐步建立健全包括学校测试上报、部门逐级审查、随机抽查复核、动态分析预测、信息反馈公示、评价结果应用等相关制度和管理措施在内的学生体质健康监测评价体系。

第五条　实行全体学生测试制度。各级各类学校每学年开展覆盖本校各年级全体学生的体质健康测试工作，并将测试数据（含学生基本情况、单项指标分值、测试成绩、评定等级以及实施测试的时间、地点、方式和人员等信息）进行汇总整理，按照规定的权限、程序和方法，上报至国家学生体质健康标准数据管理系统。因病或残疾学生可依申请准予暂缓或免于体质健康测试。

第六条　完善上报数据审查制度。地方各级教育行政部门负责督促本行政区域内下级教育部门及所属学校全面开展测试工作和及时上报测试数据，并组织有关方面登录国家学生体质健康标准数据管理系统，按照管理系统设置的用户管理权限，逐级对测试上报数据的完整性、真实性和有效性进行审查，经核准后确认提交。

第七条 建立数据抽查复核制度。教育部每年委托第三方机构在各地上报测试数据基础上，综合考虑学校类型、学生性别、年级学段、区域布局等因素，随机抽取一定比例的学校作为考查样本，进行测试工作和测试数据的现场抽查复核，并将现场抽查测试数据与学校上报测试数据进行一致性比对、综合分析和反馈各地。各地要结合本地实际按要求建立学生体质健康测试抽查复核工作机制。

第八条 建立体质健康研判制度。各级教育行政部门要通过监测评价动态把握学生体质健康变化趋势，及时分析测试结果，深度查找影响因素，科学预测变动走向，开展体质健康预警，完善学生体质健康改善措施，提高学校体育工作的针对性、实效性和科学决策水平。

第九条 实行监测结果公示制度。学校要按年级、班级、性别等不同类别在校内公布学生体质健康测试总体结果，中小学校要将有关情况向学生家长通报。各级教育行政部门每年委托第三方机构分析和发布本行政区域内学生体质健康监测评价基本情况；按生源所在地统计，并以省（区、市）或地（市、州）为单位公布高等学校新生入学体质健康测试结果，并反馈至生源所在地政府有关部门。学校和各地在公示体质健康信息时不得泄露学生个体的信息和侵犯其个人隐私。

第十条 有效应用监测评价结果。学校要制作《国家学生体质健康标准登记卡》，规范记录每一名学生的体质健康测试成绩及其评定等级。小学将体质健康测试情况列入学生成长记录或素质报告书，初中以上学校列入学生档案，作为学生综合素质评价和学业水平考试的重要指标和内容。将体质健康测试情况作为高等学校学生评优评先、毕业考核或者升学的重要依据。各级教育行政部门要将学生体质健康状况作为评价学校教育质量和地方教育发展水平的重要指标。

第十一条 将学生体质健康监测评价工作纳入本级政府教育督导内容和评估指标体系，并作为对各级各类学校进行评优、表彰的基本依据。对弄虚作假、徇私舞弊者，给予通报批评，情节严重者，依法给予行政处分；对积极开展监测评价工作并成绩显著的单位以及个人给予表彰奖励。

第十二条 教育部设立国家学生体质健康监测评价工作监督电话和相关网络信息平台，接收社会咨询和反映情况。各地教育行政部门也要设立和公布监督电话。鼓励第三方机构及公民个人以适当的方式监督学生体质健康监测评价工作，并提出意见和建议。

第十三条 各地教育行政部门和有条件的学校支持设立学生体质健康监测、研究或服务机构，建设专业化的测试、服务和研究人员队伍。教育部依托第三方机构设立全国学生体质健康监测评价研究机构，开展学生体质健康监测评价的政策咨询、技术研究、质量监测、结果公示和人员培训等工作。

第十四条 各地和学校要加大经费投入，不断改善学生体质健康测试的环境、设备、场地等条件。加强学生体质健康监测评价技术培训。妥善处理雾霾、阴雨、冰雪等恶劣天气或特殊自然条件下的测试工作。合理安排测试前、测试中和测试后的医疗防护和质量保障措施。加强学生运动安全教育，依法处置测试期间学生人身伤害事故，保证学生体质健康监测评价工作的健康、安全和有序开展。

　　第十五条　本办法自发布之日起施行。

附录二
关于强化学校体育促进学生身心健康全面发展的意见

国务院办公厅印发《关于强化学校体育促进学生身心健康全面发展的意见》

国办发〔2016〕27号

各省、自治区、直辖市人民政府，国务院各部委、各直属机构：

强化学校体育是实施素质教育、促进学生全面发展的重要途径，对于促进教育现代化、建设健康中国和人力资源强国，实现中华民族伟大复兴的中国梦具有重要意义。党中央、国务院高度重视学校体育，党的十八届三中全会作出了强化体育课和课外锻炼的重要部署，国务院对加强学校体育提出明确要求。近年来，各地、各部门不断出台政策措施，加快推进学校体育，大力开展阳光体育运动，学校体育工作取得积极进展。但总体上看，学校体育仍是整个教育事业相对薄弱的环节，对学校体育重要性认识不足、体育课和课外活动时间不能保证、体育教师短缺、场地设施缺乏等问题依然突出，学校体育评价机制亟待建立，社会力量支持学校体育不够，学生体质健康水平仍是学生素质的明显短板。为进一步推动学校体育改革发展，促进学生身心健康、体魄强健，经国务院同意，现提出如下意见：

一、总体要求

（一）指导思想。全面贯彻落实党的十八大、十八届三中、四中、五中全会和习近平总书记系列重要讲话精神，全面贯彻党的教育方针，按照《国家中长期教育改革和发展规划纲要（2010—2020年）》的要求，以"天天锻炼、健康成长、终身受益"为目标，改革创新体制机制，全面提升体育教育质量，健全学生人格品质，切实发挥体育在培育和践行社会主义核心价值观、推进素质教育中的综合作用，培养德智体美全面发展的社会主义建设者和接班人。

（二）基本原则。

坚持课堂教学与课外活动相衔接。保证课程时间，提升课堂教学效果，强化课外练习和科学锻炼指导，调动家庭、社区和社会组织的积极性，确保学生每天锻炼一小时。

坚持培养兴趣与提高技能相促进。遵循教育和体育规律，以兴趣为引导，注重因材施教和快乐参与，重视运动技能培养，逐步提高运动水平，为学生养成终身体育锻炼习惯奠定基础。

坚持群体活动与运动竞赛相协调。面向全体学生，广泛开展普及性体育活动，有序开展课余训练和运动竞赛，积极培养体育后备人才，大力营造校园体育文化，全面提高学生体育素养。

坚持全面推进与分类指导相结合。强化政府责任，统一基本标准，因地因校制宜，积极稳妥推进，鼓励依据民族特色和地方传统，大胆探索创新，不断提高学校体育工作水平。

（三）工作目标。到2020年，学校体育办学条件总体达到国家标准，体育课时和锻炼时间切实保证，教学、训练与竞赛体系基本完备，体育教学质量明显提高；学生体育锻炼习惯基本养成，运动技能和体质健康水平明显提升，规则意识、合作精神和意志品质显著增强；政府主导、部门协作、社会参与的学校体育推进机制进一步完善，基本形成体系健全、制度完善、充满活力、注重实效的中国特色学校体育发展格局。

二、深化教学改革，强化体育课和课外锻炼

（四）完善体育课程。以培养学生兴趣、养成锻炼习惯、掌握运动技能、增强学生体质为主线，完善国家体育与健康课程标准，建立大中小学体育课程衔接体系。各地中小学校要按照国家课程方案和课程标准开足开好体育课程，严禁削减、挤占体育课时间。有条件的地方可为中小学增加体育课时。高等学校要为学生开好体育必修课或选修课。科学安排课程内容，在学生掌握基本运动技能的基础上，根据学校自身情况，开展运动项目教学，提高学生专项运动能力。大力推动足球、篮球、排球等集体项目，积极推进田径、游泳、体操等基础项目及冰雪运动等特色项目，广泛开展乒乓球、羽毛球、武术等优势项目。进一步挖掘整理民族民间体育，充实和丰富体育课程内容。

（五）提高教学水平。体育教学要加强健康知识教育，注重运动技能学习，科学安排运动负荷，重视实践练习。研究制定运动项目教学指南，让学生熟练掌握一至两项运动技能，逐步形成"一校一品""一校多品"教学模式，努力提高体育教学质量。关注学生体育能力和体质水平差异，做到区别对待、因材施教。研究推广适合不同类型残疾学生的体育教学资源，提高特殊教育学校和对残疾学生的体育教学质量，保证每个学生接受体育教育的权利。支持高等学校牵头组建运动项目全国教学联盟，为中小学开展教改试点提供专业支撑，促进中小学提升体育教学水平。充分利用现代信息技术手段，开发和创新体育教学资源，不断增强教学吸引力。鼓励有条件的单位设立全国学校体育研究基地，开展理论和实践研究，提高学校体育科学化水平。

（六）强化课外锻炼。健全学生体育锻炼制度，学校要将学生在校内开展的课外体育活动纳入教学计划，列入作息时间安排，与体育课教学内容相衔接，切实保证学生每天一小时校园体育活动落到实处。幼儿园要遵循幼儿年龄特点和身心发展规律，开展丰富多彩的体育活动。中小学校要组织学生开展大课间体育活动，寄宿制学校要坚持每天出早操。高等学校要通过多种形式组织学生积极参加课外体育锻炼。职业学校在学生顶岗实习期间，要注意安排学生的体育锻炼时间。鼓励学生积极参加校外全民健身运动，中小学校要合理安排家庭"体育作业"，家长要支持学生参加社会体育活动，社区要为学生体育活动创造便利条件，逐步形成家庭、学校、社区联动，共同指导学生体育锻炼的机制。组织开展全国学校体育工作示范校创建活动，各地定期开展阳光体育系列活动和"走下网络、走出宿舍、走向操场"主题群众性课外体育锻炼活动，坚持每年开展学生冬季长跑等群体性活动，形成覆盖校内外的学生课外体育锻炼体系。

三、注重教体结合，完善训练和竞赛体系

（七）开展课余训练。学校应通过组建运动队、代表队、俱乐部和兴趣小组等形式，积极开展课余体育训练，为有体育特长的学生提供成才路径，为国家培养竞技体育后备人才奠定基础。要根据学生年龄特点和运动训练规律，科学安排训练计划，妥善处理好文化课学习和训练的关系，全面提高学生身体素质，打好专项运动能力基础，不断提高课余运动训练水平。办好体育传统项目学校，充分发挥其引领示范作用。

（八）完善竞赛体系。建设常态化的校园体育竞赛机制，广泛开展班级、年级体育比赛，学校每年至少举办一次综合性运动会或体育节，通过丰富多彩的校园体育竞赛，吸引广大学生积极参加体育锻炼。制定学校体育课余训练与竞赛管理办法，完善和规范学生体育竞赛体制，构建县、市、省、国家四级竞赛体系。各地要在整合赛事资源的基础上，系统设计并构建相互衔接的学生体育竞赛体系，积极组织开展区域内竞赛活动，定期举办综合性学生运动会。推动开展跨区域学校体育竞赛活动，全国学生运动会每三年举办一届。通过完善竞赛选拔机制，畅通学生运动员进入各级专业运动队、代表队的渠道。

四、增强基础能力，提升学校体育保障水平

（九）加强体育教师队伍建设。加强师德建设，增强广大体育教师特别是乡村体育教师的职业荣誉感，坚定长期致力于体育教育事业的理想与信心。各地要利用现有政策和渠道，按标准配齐体育教师和体育教研人员。办好高等学校体育教育专业，培养合格体育教师。鼓励优秀教练员、退役运动员、社会体育指导员、有体育特长的志愿人员兼任体育教师。实施体育教师全员培训，着力培养一大批体育骨干教师和体育名师等领军

人才，中小学教师国家级培训计划（国培计划）重点加强中西部乡村教师培训，提升特殊教育体育教师水平。科学合理确定体育教师工作量，把组织开展课外活动、学生体质健康测试、课余训练、比赛等纳入教学工作量。保障体育教师在职称（职务）评聘、福利待遇、评优表彰、晋级晋升等方面与其他学科教师同等待遇。高等学校要完善符合体育学科特点的体育教师工作考核和职称（职务）评聘办法。

（十）推进体育设施建设。各地要按照学校建设标准、设计规范，充分利用多种资金渠道，加大对学校体育设施建设的支持力度。把学校体育设施列为义务教育学校标准化建设的重要内容，以保基本、兜底线为原则，建设好学校体育场地设施、配好体育器材，为体育教师配备必要的教学装备。进一步完善制度，积极推动公共体育场馆设施为学校体育提供服务，向学生免费或优惠开放，推动有条件的学校体育场馆设施在课后和节假日对本校师生和公众有序开放，充分利用青少年活动中心、少年宫、户外营地等资源开展体育活动。

（十一）完善经费投入机制。各级政府要切实加大学校体育经费投入力度，地方各级人民政府在安排财政转移支付资金和本级财力时要对学校体育给予倾斜。各级教育部门要根据需求将学校体育工作经费纳入年度预算，学校要保障体育工作的经费需求。鼓励和引导社会资金支持发展学校体育，多渠道增加学校体育投入。

（十二）健全风险管理机制。健全学校体育运动伤害风险防范机制，保障学校体育工作健康有序开展。对学生进行安全教育，培养学生安全意识和自我保护能力，提高学生的伤害应急处置和救护能力。加强校长、教师及有关管理人员培训，提高学校体育从业人员运动风险管理意识和能力。学校应当根据体育器材设施及场地的安全风险进行分类管理，定期开展检查，有安全风险的应当设立明显警示标志和安全提示。完善校方责任险，探索建立涵盖体育意外伤害的学生综合保险机制。鼓励各地政府试点推行学生体育安全事故第三方调解办法。

（十三）整合各方资源支持学校体育。完善政策措施，采取政府购买体育服务等方式，逐步建立社会力量支持学校体育发展的长效机制，引导技术、人才等资源服务学校体育教学、训练和竞赛等活动。鼓励专业运动队、职业体育俱乐部定期组织教练员、运动员深入学校指导开展有关体育活动。支持学校与科研院所、社会团体、企业等开展广泛合作，提升学校体育工作水平。加深同港澳台青少年体育活动的合作。加强学校体育国际交流。

五、加强评价监测，促进学校体育健康发展

（十四）完善考试评价办法。构建课内外相结合、各学段相衔接的学校体育考核评价体系，完善和规范体育运动项目考核和学业水平考试，发挥体育考试的导向作用。体育课程考核要突出过程管理，从学生出勤、课堂表现、健康知识、运动技能、体质健

康、课外锻炼、参与活动情况等方面进行全面评价。中小学要把学生参加体育活动情况、学生体质健康状况和运动技能等级纳入初中、高中学业水平考试，纳入学生综合素质评价体系。各地要根据实际，科学确定初中毕业升学体育考试分值或等第要求。实施高考综合改革试点的省（区、市），在高校招生录取时，把学生体育情况作为综合素质评价的重要内容。学校体育测试要充分考虑残疾学生的特殊情况，体现人文关怀。修订体育教育本科专业学生普通高考体育测试办法，提高体育技能考核要求。制定普通高校高水平运动队建设实施意见，规范高水平运动员招生。

（十五）加强体育教学质量监测。明确体育课程学业质量要求，制定学生运动项目技能等级评定标准和高等学校体育学类专业教学质量国家标准，促进学校体育教学质量稳步提升。建立中小学体育课程实施情况监测制度，定期开展体育课程国家基础教育质量监测。建立健全学生体质健康档案，严格执行《国家学生体质健康标准》，将其实施情况作为构建学校体育评价机制的重要基础，确保测试数据真实性、完整性和有效性。鼓励各地运用现代化手段对体育课质量进行监测、监控或对开展情况进行公示。

六、组织实施

（十六）加强组织领导。各地要把学校体育工作纳入经济社会发展规划，加强统筹协调，落实管理责任，并结合当地实际，研究制定加强学校体育工作的具体实施方案，切实抓紧抓好。进一步加强青少年体育工作部际联席会议制度，强化国务院有关部门在加强青少年体育工作中的责任，按照职责分工，落实好深化学校体育改革的各项任务。

（十七）强化考核激励。各地要把学校体育工作列入政府政绩考核指标、教育行政部门与学校负责人业绩考核评价指标。对成绩突出的单位、部门、学校和个人进行表彰。加强学校体育督导检查，建立科学的专项督查、抽查、公告制度和行政问责机制。对学生体质健康水平持续三年下降的地区和学校，在教育工作评估中实行"一票否决"。教育部要会同有关部门定期开展学校体育专项检查，建立约谈有关主管负责人的机制。

（十八）营造良好环境。通过多种途径，充分利用报刊、广播、电视及网络等手段，加强学校体育工作新闻宣传力度，总结交流典型经验和有效做法，传播科学的教育观、人才观和健康观，营造全社会关心、重视和支持学校体育的良好氛围。

国务院办公厅
2016年4月21日

附录三

中共中央 国务院印发
《深化新时代教育评价改革总体方案》

近日，中共中央、国务院印发了《深化新时代教育评价改革总体方案》，并发出通知，要求各地区各部门结合实际认真贯彻落实。

《深化新时代教育评价改革总体方案》全文如下。

教育评价事关教育发展方向，有什么样的评价指挥棒，就有什么样的办学导向。为深入贯彻落实习近平总书记关于教育的重要论述和全国教育大会精神，完善立德树人体制机制，扭转不科学的教育评价导向，坚决克服唯分数、唯升学、唯文凭、唯论文、唯帽子的顽瘴痼疾，提高教育治理能力和水平，加快推进教育现代化、建设教育强国、办好人民满意的教育，现制定如下方案。

一、总体要求

（一）指导思想。以习近平新时代中国特色社会主义思想为指导，全面贯彻党的十九大和十九届二中、三中、四中全会精神，全面贯彻党的教育方针，坚持社会主义办学方向，落实立德树人根本任务，遵循教育规律，系统推进教育评价改革，发展素质教育，引导全党全社会树立科学的教育发展观、人才成长观、选人用人观，推动构建服务全民终身学习的教育体系，努力培养担当民族复兴大任的时代新人，培养德智体美劳全面发展的社会主义建设者和接班人。

（二）主要原则。坚持立德树人，牢记为党育人、为国育才使命，充分发挥教育评价的指挥棒作用，引导确立科学的育人目标，确保教育正确发展方向。坚持问题导向，从党中央关心、群众关切、社会关注的问题入手，破立并举，推进教育评价关键领域改革取得实质性突破。坚持科学有效，改进结果评价，强化过程评价，探索增值评价，健全综合评价，充分利用信息技术，提高教育评价的科学性、专业性、客观性。坚持统筹兼顾，针对不同主体和不同学段、不同类型教育特点，分类设计、稳步推进，增强改革的系统性、整体性、协同性。坚持中国特色，扎根中国、融通中外、立足时代、面向未来，坚定不移走中国特色社会主义教育发展道路。

（三）改革目标。经过5至10年努力，各级党委和政府科学履行职责水平明显提高，各级各类学校立德树人落实机制更加完善，引导教师潜心育人的评价制度更加健全，促进学生全面发展的评价办法更加多元，社会选人用人方式更加科学。到2035年，基本形成富有时代特征、彰显中国特色、体现世界水平的教育评价体系。

二、重点任务

（一）改革党委和政府教育工作评价，推进科学履行职责

1. 完善党对教育工作全面领导的体制机制。各级党委要认真落实领导责任，建立健全党委统一领导、党政齐抓共管、部门各负其责的教育领导体制，履行好把方向、管大局、作决策、保落实的职责，把思想政治工作作为学校各项工作的生命线紧紧抓在手上，贯穿学校教育管理全过程，牢固树立科学的教育发展理念，坚决克服短视行为、功利化倾向。各级党委和政府要完善定期研究教育工作机制，建立健全党政主要负责同志深入教育一线调研、为师生上思政课、联系学校和年终述职必述教育工作等制度。

2. 完善政府履行教育职责评价。对省级政府主要考核全面贯彻党的教育方针和党中央关于教育工作的决策部署、落实教育优先发展战略、解决人民群众普遍关心的教育突出问题等情况，既评估最终结果，也考核努力程度及进步发展。各地根据国家层面确立的评价内容和指标，结合实际进行细化，作为对下一级政府履行教育职责评价的依据。

3. 坚决纠正片面追求升学率倾向。各级党委和政府要坚持正确政绩观，不得下达升学指标或以中高考升学率考核下一级党委和政府、教育部门、学校和教师，不得将升学率与学校工程项目、经费分配、评优评先等挂钩，不得通过任何形式以中高考成绩为标准奖励教师和学生，严禁公布、宣传、炒作中高考"状元"和升学率。对教育生态问题突出、造成严重社会影响的，依规依法问责追责。

（二）改革学校评价，推进落实立德树人根本任务

4. 坚持把立德树人成效作为根本标准。加快完善各级各类学校评价标准，将落实党的全面领导、坚持正确办学方向、加强和改进学校党的建设以及党建带团建队建、做好思想政治工作和意识形态工作、依法治校办学、维护安全稳定作为评价学校及其领导人员、管理人员的重要内容，健全学校内部质量保障制度，坚决克服重智育轻德育、重分数轻素质等片面办学行为，促进学生身心健康、全面发展。

5. 完善幼儿园评价。重点评价幼儿园科学保教、规范办园、安全卫生、队伍建设、克服小学化倾向等情况。国家制定幼儿园保教质量评估指南，各省（自治区、直辖

市）完善幼儿园质量评估标准，将各类幼儿园纳入质量评估范畴，定期向社会公布评估结果。

6. 改进中小学校评价。义务教育学校重点评价促进学生全面发展、保障学生平等权益、引领教师专业发展、提升教育教学水平、营造和谐育人环境、建设现代学校制度以及学业负担、社会满意度等情况。国家制定义务教育学校办学质量评价标准，完善义务教育质量监测制度，加强监测结果运用，促进义务教育优质均衡发展。普通高中主要评价学生全面发展的培养情况。国家制定普通高中办学质量评价标准，突出实施学生综合素质评价、开展学生发展指导、优化教学资源配置、有序推进选课走班、规范招生办学行为等内容。

7. 健全职业学校评价。重点评价职业学校（含技工院校，下同）德技并修、产教融合、校企合作、育训结合、学生获取职业资格或职业技能等级证书、毕业生就业质量、"双师型"教师（含技工院校"一体化"教师，下同）队伍建设等情况，扩大行业企业参与评价，引导培养高素质劳动者和技术技能人才。深化职普融通，探索具有中国特色的高层次学徒制，完善与职业教育发展相适应的学位授予标准和评价机制。加大职业培训、服务区域和行业的评价权重，将承担职业培训情况作为核定职业学校教师绩效工资总量的重要依据，推动健全终身职业技能培训制度。

8. 改进高等学校评价。推进高校分类评价，引导不同类型高校科学定位，办出特色和水平。改进本科教育教学评估，突出思想政治教育、教授为本科生上课、生师比、生均课程门数、优势特色专业、学位论文（毕业设计）指导、学生管理与服务、学生参加社会实践、毕业生发展、用人单位满意度等。改进学科评估，强化人才培养中心地位，淡化论文收录数、引用率、奖项数等数量指标，突出学科特色、质量和贡献，纠正片面以学术头衔评价学术水平的做法，教师成果严格按署名单位认定、不随人走。探索建立应用型本科评价标准，突出培养相应专业能力和实践应用能力。制定"双一流"建设成效评价办法，突出培养一流人才、产出一流成果、主动服务国家需求，引导高校争创世界一流。改进师范院校评价，把办好师范教育作为第一职责，将培养合格教师作为主要考核指标。改进高校经费使用绩效评价，引导高校加大对教育教学、基础研究的支持力度。改进高校国际交流合作评价，促进提升校际交流、来华留学、合作办学、海外人才引进等工作质量。探索开展高校服务全民终身学习情况评价，促进学习型社会建设。

（三）改革教师评价，推进践行教书育人使命

9. 坚持把师德师风作为第一标准。坚决克服重科研轻教学、重教书轻育人等现象，把师德表现作为教师资格定期注册、业绩考核、职称评聘、评优奖励首要要求，强化教师思想政治素质考察，推动师德师风建设常态化、长效化。健全教师荣誉制度，发挥典型示范引领作用。全面落实新时代幼儿园、中小学、高校教师职业行为准则，建立师

德失范行为通报警示制度。对出现严重师德师风问题的教师，探索实施教育全行业禁入制度。

10. 突出教育教学实绩。把认真履行教育教学职责作为评价教师的基本要求，引导教师上好每一节课、关爱每一个学生。幼儿园教师评价突出保教实践，把以游戏为基本活动促进儿童主动学习和全面发展的能力作为关键指标，纳入学前教育专业人才培养标准、幼儿教师职后培训重要内容。探索建立中小学教师教学述评制度，任课教师每学期须对每个学生进行学业述评，述评情况纳入教师考核内容。完善中小学教师绩效考核办法，绩效工资分配向班主任倾斜，向教学一线和教育教学效果突出的教师倾斜。健全"双师型"教师认定、聘用、考核等评价标准，突出实践技能水平和专业教学能力。规范高校教师聘用和职称评聘条件设置，不得将国（境）外学习经历作为限制性条件。把参与教研活动、编写教材、案例，指导学生毕业设计、就业、创新创业、社会实践、社团活动、竞赛展演等计入工作量。落实教授上课制度，高校应明确教授承担本（专）科生教学最低课时要求，确保教学质量，对未达到要求的给予年度或聘期考核不合格处理。支持建设高质量教学研究类学术期刊，鼓励高校学报向教学研究倾斜。完善教材质量监控和评价机制，实施教材建设国家奖励制度，每四年评选一次，对作出突出贡献的教师按规定进行表彰奖励。完善国家教学成果奖评选制度，优化获奖种类和入选名额分配。

11. 强化一线学生工作。各级各类学校要明确领导干部和教师参与学生工作的具体要求。落实中小学教师家访制度，将家校联系情况纳入教师考核。高校领导班子成员年度述职要把上思政课、联系学生情况作为重要内容。完善学校党政管理干部选拔任用机制，原则上应有思政课教师、辅导员或班主任等学生工作经历。高校青年教师晋升高一级职称，至少须有一年担任辅导员、班主任等学生工作经历。

12. 改进高校教师科研评价。突出质量导向，重点评价学术贡献、社会贡献以及支撑人才培养情况，不得将论文数、项目数、课题经费等科研量化指标与绩效工资分配、奖励挂钩。根据不同学科、不同岗位特点，坚持分类评价，推行代表性成果评价，探索长周期评价，完善同行专家评议机制，注重个人评价与团队评价相结合。探索国防科技等特殊领域教师科研专门评价办法。对取得重大理论创新成果、前沿技术突破、解决重大工程技术难题、在经济社会事业发展中作出重大贡献的，申报高级职称时论文可不作限制性要求。

13. 推进人才称号回归学术性、荣誉性。切实精简人才"帽子"，优化整合涉教育领域各类人才计划。不得把人才称号作为承担科研项目、职称评聘、评优评奖、学位点申报的限制性条件，有关申报书不得设置填写人才称号栏目。依据实际贡献合理确定人才薪酬，不得将人才称号与物质利益简单挂钩。鼓励中西部、东北地区高校"长江学者"等人才称号入选者与学校签订长期服务合同，为实施国家和区域发展战略贡献力量。

（四）改革学生评价，促进德智体美劳全面发展

14. 树立科学成才观念。坚持以德为先、能力为重、全面发展，坚持面向人人、因材施教、知行合一，坚决改变用分数给学生贴标签的做法，创新德智体美劳过程性评价办法，完善综合素质评价体系，切实引导学生坚定理想信念、厚植爱国主义情怀、加强品德修养、增长知识见识、培养奋斗精神、增强综合素质。

15. 完善德育评价。根据学生不同阶段身心特点，科学设计各级各类教育德育目标要求，引导学生养成良好思想道德、心理素质和行为习惯，传承红色基因，增强"四个自信"，立志听党话、跟党走，立志扎根人民、奉献国家。通过信息化等手段，探索学生、家长、教师以及社区等参与评价的有效方式，客观记录学生品行日常表现和突出表现，特别是践行社会主义核心价值观情况，将其作为学生综合素质评价的重要内容。

16. 强化体育评价。建立日常参与、体质监测和专项运动技能测试相结合的考查机制，将达到国家学生体质健康标准要求作为教育教学考核的重要内容，引导学生养成良好锻炼习惯和健康生活方式，锤炼坚强意志，培养合作精神。中小学校要客观记录学生日常体育参与情况和体质健康监测结果，定期向家长反馈。改进中考体育测试内容、方式和计分办法，形成激励学生加强体育锻炼的有效机制。加强大学生体育评价，探索在高等教育所有阶段开设体育课程。

17. 改进美育评价。把中小学生学习音乐、美术、书法等艺术类课程以及参与学校组织的艺术实践活动情况纳入学业要求，促进学生形成艺术爱好、增强艺术素养，全面提升学生感受美、表现美、鉴赏美、创造美的能力。探索将艺术类科目纳入中考改革试点。推动高校将公共艺术课程与艺术实践纳入人才培养方案，实行学分制管理，学生修满规定学分方能毕业。

18. 加强劳动教育评价。实施大中小学劳动教育指导纲要，明确不同学段、不同年级劳动教育的目标要求，引导学生崇尚劳动、尊重劳动。探索建立劳动清单制度，明确学生参加劳动的具体内容和要求，让学生在实践中养成劳动习惯，学会劳动、学会勤俭。加强过程性评价，将参与劳动教育课程学习和实践情况纳入学生综合素质档案。

19. 严格学业标准。完善各级各类学校学生学业要求，严把出口关。对初、高中毕业班学生，学校须合理安排中高考结束后至暑假前的教育活动。完善过程性考核与结果性考核有机结合的学业考评制度，加强课堂参与和课堂纪律考查，引导学生树立良好学风。探索学士学位论文（毕业设计）抽检试点工作，完善博士、硕士学位论文抽检工作，严肃处理各类学术不端行为。完善实习（实训）考核办法，确保学生足额、真实参加实习（实训）。

20. 深化考试招生制度改革。稳步推进中高考改革，构建引导学生德智体美劳全面

发展的考试内容体系，改变相对固化的试题形式，增强试题开放性，减少死记硬背和"机械刷题"现象。加快完善初、高中学生综合素质档案建设和使用办法，逐步转变简单以考试成绩为唯一标准的招生模式。完善高等职业教育"文化素质＋职业技能"考试招生办法。深化研究生考试招生改革，加强科研创新能力和实践能力考查。各级各类学校不得通过设置奖金等方式违规争抢生源。探索建立学分银行制度，推动多种形式学习成果的认定、积累和转换，实现不同类型教育、学历与非学历教育、校内与校外教育之间互通衔接，畅通终身学习和人才成长渠道。

（五）改革用人评价，共同营造教育发展良好环境

21. 树立正确用人导向。党政机关、事业单位、国有企业要带头扭转"唯名校""唯学历"的用人导向，建立以品德和能力为导向、以岗位需求为目标的人才使用机制，改变人才"高消费"状况，形成不拘一格降人才的良好局面。

22. 促进人岗相适。各级公务员招录、事业单位和国有企业招聘要按照岗位需求合理制定招考条件、确定学历层次，在招聘公告和实际操作中不得将毕业院校、国（境）外学习经历、学习方式作为限制性条件。职业学校毕业生在落户、就业、参加机关企事业单位招聘、职称评聘、职务职级晋升等方面，与普通学校毕业生同等对待。用人单位要科学合理确定岗位职责，坚持以岗定薪、按劳取酬、优劳优酬，建立重实绩、重贡献的激励机制。

三、组织实施

（一）落实改革责任。各级党委和政府要加强组织领导，把深化教育评价改革列入重要议事日程，根据本方案要求，结合实际明确落实举措。各级党委教育工作领导小组要加强统筹协调、宣传引导和督促落实。中央和国家机关有关部门要结合职责，及时制定配套制度。各级各类学校要狠抓落实，切实破除"五唯"顽瘴痼疾。国家和各省（自治区、直辖市）选择有条件的地方、学校和单位进行试点，发挥示范带动作用。教育督导要将推进教育评价改革情况作为重要内容，对违反相关规定的予以督促纠正，依规依法对相关责任人员严肃处理。

（二）加强专业化建设。构建政府、学校、社会等多元参与的评价体系，建立健全教育督导部门统一负责的教育评估监测机制，发挥专业机构和社会组织作用。严格控制教育评价活动数量和频次，减少多头评价、重复评价，切实减轻基层和学校负担。各地要创新基础教育教研工作指导方式，严格控制以考试方式抽检评测学校和学生。创新评价工具，利用人工智能、大数据等现代信息技术，探索开展学生各年级学习情况全过程纵向评价、德智体美劳全要素横向评价。完善评价结果运用，综合发挥导向、鉴定、诊断、调控和改进作用。加强教师教育评价能力建设，支持有条件的高校设立教育评价、

教育测量等相关学科专业，培养教育评价专门人才。加强国家教育考试工作队伍建设，完善教师参与命题和考务工作的激励机制。积极开展教育评价国际合作，参与联合国2030年可持续发展议程教育目标实施监测评估，彰显中国理念，贡献中国方案。

（三）营造良好氛围。党政机关、事业单位、国有企业要履职尽责，带动全社会形成科学的选人用人理念。新闻媒体要加大对科学教育理念和改革政策的宣传解读力度，合理引导预期，增进社会共识。构建覆盖城乡的家庭教育指导服务体系，引导广大家长树立正确的教育观和成才观。各地要及时总结、宣传、推广教育评价改革的成功经验和典型案例，扩大辐射面，提高影响力。